ДИАЛОГ

Grammatik

Dr. Harry Walter

Autor
Dr. Harry Walter *Greifswald*

Muttersprachliche Durchsicht
Olga Gudkowa *Tula*

Beratung
Christa Kurtuschin *Jüterbog*

Redaktion
Regina Riemann
Kristina Müller
unter Mitarbeit von Olga Elukova

Ilustrationen Cleo-Petra Kurze
Umschlaggestaltung groenland.berlin
Layout und technische Umsetzung Marina Goldberg

www.cornelsen.de
www.vwv.de

1. Auflage, 1. Druck 2010

Alle Drucke dieser Auflage sind inhaltlich unverändert
und können im Unterricht nebeneinander verwendet werden.

© 2010 Cornelsen Verlag/Verlag Volk und Wissen, Berlin

Das Werk und seine Teile sind urheberrechtlich geschützt.
Jede Nutzung in anderen als den gesetzlich zugelassenen Fällen bedarf
der vorherigen schriftlichen Einwilligung des Verlages.
Hinweis zu den §§ 46, 52 a UrhG: Weder das Werk noch seine Teile dürfen ohne
eine solche Einwilligung eingescannt und in ein Netzwerk eingestellt oder sonst
zugänglich gemacht werden. Dies gilt auch für Intranets von Schulen und
sonstigen Bildungseinrichtungen.

Druck: CS-Druck

ISBN 978-3-06-120210-1

 Inhalt gedruckt auf säurefreiem Papier aus nachhaltiger Forstwirtschaft.

Inhaltsverzeichnis

Das russische Laut- und Schriftsystem			
1. Die Konsonanten	• stimmhafte – stimmlose Konsonanten • harte – weiche Konsonanten • Anpassungen im Redefluss	б, в, г – п, ф, к с_бра́том	7
2. Die Vokale	• „harte" – „weiche" Vokale • Aussprache von *u* nach harten Konsonanten • Klangveränderungen bei unbetonten Vokalen	а-я, э-е, ы-и, о-ё, у-ю цирк, жизнь	8
3. Grundlegende Schreibregeln	• Groß- und Kleinschreibung • Schreibung nach *г, к, х* und den Zischlauten *ж, ч, ш, щ*	Ру́сский музе́й, у́лица Толсто́го кни́ги, ру́чки	8
Das Verb			
4. Die Verbstämme	• Infinitivstamm • Präsensstamm	зака́зывать де́лают	9
5. Die Konjugation der Verben	• die *e*-Konjugation • die *u*-Konjugation • *л*-Einschub • Konjugation wichtiger unregelmäßiger Verben	чита́ть, чита́ешь говори́ть, говори́шь люблю́, сплю бить – бью, бьёшь, бьют; бил, -ла, -ли; бей!	10
6. Die Zeitformen	• Präsens: Präsensformen des uv. Verbs und des v. Verbs (Futurbedeutung) • Gebrauch von sein (*быть*) im Präsens • Präteritum: Verben auf –*ть* mit dem Infinitivstamm + -л, -ла, -ло, -ли • Futur: einfaches und zusammengesetztes Futur	я чита́ю, ты чита́ешь, они́ чита́ют я сде́лаю, ты сде́лаешь, они́ сде́лают Кто э́то? – Э́то мой друг. чита́ть, чита́л, чита́ла, чита́ли я сде́лаю, ты сде́лаешь; я напишу́	11
7. Die Aspekte	• vollendeter und unvollendeter Aspekt • Aspektgebrauch in der Vergangenheit • Bildung der Aspektpaare • Verben mit verschiedenen Stämmen	сде́лать/де́лать, написа́ть/писа́ть Я написа́л(а) письмо́. Я ча́сто писа́ла пи́сьма. сказа́ть/говори́ть сесть/сади́ться	13
8. Die Verben der Bewegung	• bestimmte und unbestimmte Verben der Bewegung • präfigierte paarige Verben der Bewegung • Präfigierung mit *по-*	идти́ – ходи́ть Я иду́ в кино́. Я регуля́рно хожу́ в кино́. прийти́/приходи́ть пойти́	16
9. Der Konjunktiv	• Bildung des Konjunktivs	Я не сде́лал(а) бы э́того.	18
10. Der Imperativ	• Bildungsweise	чита́ют > чита- > чита́й(те) говоря́т > говор- > говори́(те) у́чатся > уч- > учи́(те)сь отве́тят > отве́т- > отве́ть(те)	19
11. Die reflexiven Verben	• Bildung, Konjugation, Zeitformen	занима́ться, мы́ться	20
12. Das Passiv	• Passiv uv. transitiver Verben • Passiv v. transitiver Verben • Zustandspassiv	Спорти́вная площа́дка стро́ится строи́тельной фи́рмой. Кни́га была́ прочи́тана Оле́гом. Окно́ бы́ло откры́то.	21

Inhaltsverzeichnis

13. Die Partizipien	• Partizip Präsens Aktiv (uv.) • Partizip Präteritum Aktiv (v./uv.) • Partizip Präsens Passiv (uv.) • Partizip Präteritum Passiv (v.), Lang- und Kurzform • Adverbialpartizipien	чита́ющий учени́к ю́ноши и де́вушки, око́нчившие шко́лу люби́мый актёр же́нщина, изображённая худо́жником Дом был постро́ен неме́цкой фи́рмой. Чита́я кни́гу, он слу́шает му́зыку. Прочита́в кни́гу, сле́дует верну́ть её в библиоте́ку.	22
Das Substantiv			
14. Das Genus	• Endungen, die das Genus anzeigen	стол, учи́тель, ка́рта, дверь, окно́, зда́ние, и́мя	26
15. Der Numerus	• Singular – Plural • Bildung des Plurals	журна́л – журна́лы, маши́на – маши́ны, дверь – две́ри, письмо́ - пи́сьма	27
16. Belebte und unbelebte Substantive	• Deklinationsunterschiede (Gen./Akk.)	я ви́жу бра́та; я ви́жу стол	27
17. Die Deklinationsarten	• I. Deklination • II. Deklination • III. Deklination • Deklination der Substantive im Pl.	стол, ла́герь, музе́й; окно́, мо́ре ла́мпа, неде́ля жизнь, любо́вь, вре́мя магази́ны, магази́нов …; слова́, слов_ …	27
18. Wortbildung	• Suffixe zur Personen- und Berufsbezeichnung	чита́тель, футболи́ст, украи́нец, поли́тик	30
Das Adjektiv			
19. Die Deklination der Adjektive	• Deklinationstabelle	но́вый, си́ний; но́вое, си́нее; но́вая, си́няя	31
20. Die Lang- und die Kurzform der Adjektive	• Bildungsweise, attributive oder prädikative Verwendung	Бори́с тала́нтливый актёр. Зимо́й го́ры бу́дут осо́бенно краси́вы.	32
21. Die Steigerung der Adjektive und Adverbien	• einfacher und zusammengesetzter Komparativ, unregelmäßige Formen • Superlativ der Qualitätsadjektive	интере́снее, бо́лее интере́сный мно́го – бо́льше Это са́мая интере́сная рок-гру́ппа. интере́снее всего́ /всех, интере́снейший	33
Das Adverb			
22. Adverbien des Ortes, der Zeit, der Art und Weise	• Bildung	сле́ва – спра́ва, сейча́с, пото́м, всегда́, хорошо́, пло́хо	35
23. Die unbestimmten Adverbien	• Bildung und Funktion	где́-нибудь	36
24. Negativadverbien	• doppelte Verneinung	Мы ле́том никуда́ не пое́дем.	36
Das Pronomen			
25. Das Personalpronomen	• Deklinationstabelle	я, ты, он…	37
26. Das Possessivpronomen	• Possessivpronomen 1. und 2. Pers. • Possessivpronomen 3. Pers. Sg. und Pl. • Gebrauch von *свой*	мой, моё, моя́, наш, на́ша Это его́ семья́. его́, её, их расска́зывать о свое́й семье́	37
27. Das Fragepronomen	• Deklination der Fragepronomen	кто?, что?, како́й?, чей?	40
28. Das Relativpronomen *кото́рый*	• Gebrauch im Nebensatz	Дире́ктор зна́ет всех ученико́в, кото́рые у́чатся в на́шей шко́ле.	41
29. Die Demonstrativpronomen	• *э́тот, тот, тако́й*	э́тот компью́тер, та шко́ла, тако́й интере́сный челове́к, э́ти сувени́ры	42

30. Die Negativpronomen	• doppelte Verneinung	Никто́ не сде́лал уро́ки. У Во́вы никогда́ нет вре́мени.	42
31. Die bestimmenden Pronomen	• Deklination von *весь* und *ка́ждый*	весь, всего́ … (обо) всём все, всех, (обо) всех	43
32. Die unbestimmten Pronomen	• Gebrauch und Deklination	Придёт ещё кто́-нибудь? Андре́й хо́чет пое́хать к кому́-нибудь в го́сти.	43
33. Das Pronomen *друг дру́га*	• Deklination	друг дру́га, друг о дру́ге	44
34. Das Pronomen *себя́*	• rückbezügliches Pronomen	себя́, себе́, (о) себе́	44
Das Zahlwort			
35. Die Grundzahlen	• 0 und 1 • 2, 3, 4 • 5–20, 30 • 40, 90, 100 • 50, 60, 70, 80 • Hunderter (200, 300 …900) • 1.000, 1.000.000 …	ноль, ноля́ … (о) ноле́; одна́, одно́й…(об) одно́й два/две, двух…(о) двух пять, пяти́… (о) пяти́ девяно́сто, девяно́ста пятьдеся́т, пяти́десяти две́сти, двухсо́т, (о) двухста́х ты́сяча, ты́сячи, ты́сяче миллио́н, не́сколько миллио́нов	44
36. Rektion der Zahlen	• 1–4 • 5–20 • über 20	оди́н брат, два (три, четы́ре) бра́та; пять (де́сять, пятна́дцать) домо́в	47
37. Unbestimmte Mengenangaben	• *мно́го, ма́ло, не́сколько* und Gen. Pl.	мно́го больши́х городо́в; не́сколько краси́вых озёр	47
38. Die Ordnungszahlen	• Bildung, Deklination	на пя́том ме́сте	48
39. Zeitangaben	• Tageszeit, Jahreszeit • Wochentage • Monate • Datum • Jahresangabe • Altersangabe • Uhrzeit	у́тром, весно́й в понеде́льник, во вто́рник янва́рь – в январе́ Сего́дня пе́рвое апре́ля. в две ты́сячи деся́том году́ Мое́й сестре́ 22 го́да. Сейча́с 9 часо́в 5 мину́т.	49
Die Präposition			
40. Wichtige russische Präpositionen	• Tabelle mit Beispielen	к дру́гу, с дру́гом, о дру́ге	51
Die Konjunktion			
41. Die Konjunktionen *когда́* und *е́сли*	• Verwendung in Temporal- und Konditionalsätzen	Е́сли за́втра бу́дет хоро́шая пого́да, я бу́ду рабо́тать в саду́.	54
Modale Beziehungen			
42. Erlaubnis, Möglichkeit oder Verbot	• *мо́жно (нельзя́)* mit Inf. des Verbs	Здесь мо́жно игра́ть в футбо́л? В кинотеа́тре нельзя́ звони́ть по моби́льнику.	54
43. können – nicht können	• *(не) мочь* mit Inf. • *(не) уме́ть* mit Inf.	Я (не) могу́ вам помо́чь. Я (не) уме́ю игра́ть в ша́хматы.	55
44. müssen – sollen	• Pers. im Dat. + *(не) на́до* mit Inf. • *кто? до́лжен (должна́, должно́, должны́)* mit Inf.	Мне на́до купи́ть биле́ты.	55
45. wollen – möchten	• *кто?* + Form von *хоте́ть* mit Inf. (*что?*) • *кому́? хо́чется* mit Inf.	Вы хоти́те пойти́ в кино́? Нам хо́чется танцева́ть.	56

Inhaltsverzeichnis

46. haben – nicht haben	• у кого? (есть) mit Nom. • у кого? нет mit Substantiv im Gen.	У меня большая комната. У Бориса нет компьютера.	56
47. Besitzverhältnisse, Zugehörigkeit	• Gegenstand (Nom.) und Besitzer (Gen.)	компьютер папы, мама Иры	56
Syntax			
48. Unbestimmt-persönliche Sätze	• mit Verb in der 3. Pers. Pl.	В газетах пишут о России.	57
49. Unpersönliche Sätze	• unpersönliche Verbform in der 3. Pers. Sg. und neutrale Form des Prät.	В городе (будет) интересно. Здесь запрещается курить.	57
50. Der Infinitivsatz	• Sätze mit unabhängigem Infinitiv	Здесь не пройти.	57
51. Zustandssätze	• subjektlose Sätze mit prädikativem Adverb	Мне холодно.	57
52. Der Temporalsatz	• Einleitung mit *когда* • Gleichzeitigkeit, Vorzeitigkeit	Когда Юля моет посуду, Алёша и Дима играют в футбол.	58
53. Der Kausalsatz	• Einleitung mit *потому что* • Ausdruck eines Grundes	Лена останется дома, потому что к ней приедет Линда.	58
54. Der Konditionalsatz	• Einleitung mit *если* • Ausdruck einer Bedingung	Мы пошли бы в театр, если бы я достал билеты.	58
55. Der Objektsatz	• Einleitung mit *что* oder *чтобы*	Я хочу, чтобы мой друг мне помог.	59
56. Der Attributsatz	• Einleitung durch Relativpronomen wie *который, какой, чей*	Письмо, которое я получил вчера, …	59
57. Direkte und indirekte Rede	• Umwandlung verschiedener Satzarten	Саша сказал, что … Он спросил меня, где … Мама попросила, чтобы я …	60
Anhang			
Unregelmäßige Verben	• Konjugationstabelle		61

Abkürzungen

Adj.	Adjektiv	m.	männlich	Sg.	Singular
Akk.	Akkusativ	Nom.	Nominativ	ugs.	umgangssprachlich
Dat.	Dativ	Pers.	Person	uv.	unvollendet (Aspekt)
d.h.	das heißt	Pl.	Plural	vgl.	vergleiche
DT	Deklinationstabelle	Präp.	Präpositiv	v.	vollendet (Aspekt)
Fut.	Futur	Präs.	Präsens	w.	weiblich
Gen.	Genitiv	Prät.	Präteritum	z. B.	zum Beispiel
Inf.	Infinitiv	s.	sächlich	zielger.	zielgerichtet
Instr.	Instrumental				

Symbole

D	Sprachvergleich Deutsch	[ ]	Klammer zur Kennzeichnung der Aussprache
E	Sprachvergleich Englisch	→	Verweis auf eine andere Leitzahl innerhalb der Grammatik
F	Sprachvergleich Französisch		
!	Aufgepasst!	TIPP!	Verweis auf Besonderheiten

Das russische Laut- und Schriftsystem

Die Konsonanten

Im Russischen werden wie auch im Deutschen **stimmhafte** und **stimmlose** Konsonanten unterschieden. Diese werden durch folgende Buchstaben bezeichnet:

stimmhaft	б, в, г, д, ж, з	л, м, н, р, й [j]	
stimmlos	п, ф, к, т, ш, с		ц, ч, щ, х

Innerhalb eines Wortes gleichen sich Konsonanten an ihren nachfolgenden Konsonanten an – stimmhafte werden vor stimmlosen stimmlos.
кни́жка кни́[ш]ка, за́втрак за́[ф]трак

Stimmlose Konsonanten werden vor stimmhaften stimmhaft gesprochen (außer vor в):
сде́лать [з]де́лать, экза́мен э[г]за́мен, <u>aber</u>: свой [с]вой, бу́ква бу́[к]ва

Innerhalb einer Wortgruppe gelten dieselben Regeln der Stimmangleichung wie in einem Wort, d. h. mehrere Wörter werden zusammenhängend gesprochen:

к_ба́бушке [г]ба́бушке   не_уме́ет игра́ть в_те́ннис
с_бра́том [з]бра́том   Кто_э́то?
из_теа́тра и[с]теа́тра   Что_э́то?
на_столе́, в_шко́ле   Э́то_Ната́ша.

Кто э́то?
Э́то Ната́ша.

Im Wortauslaut werden stimmhafte Konsonanten wie im Deutschen stimmlos.
хлеб хле[п], нож но[ш], снег сне[к], по́езд по́е[ст]

Die Konsonanten м, н, л, р sind immer stimmhaft und verändern ihren Stimmton <u>nicht</u>. Sie können auch nicht die vorhergehenden Konsonanten beeinflussen.
сла́бый [с]ла́бый, смотре́ть [с]мотре́ть, пры́гать [п]ры́гать

Die meisten russischen Konsonanten können hart oder weich ausgesprochen werden.

hart	б	в	г	д	з	к	л	м	н	п	р	с	т	ф	х
weich	б´	в´	г´	д´	з´	к´	л´	м´	н´	п´	р´	с´	т´	ф´	х´

Die Bedeutung der Wörter kann sich lediglich durch die Härte oder Weichheit der Konsonanten unterscheiden.

бить [б´]ить *schlagen*   быть [б]ыть *sein*
(я) рад [р]ад *(ich bin) froh*   (пе́рвый) ряд [р´]яд *(erste) Reihe*
брат бра[т] *Bruder*   брать бра[т´] *nehmen*
говори́ть говори́[т´] *sprechen*   (он) говори́т говори́[т] *(er) spricht*

Einige Konsonanten sind immer hart – ж, ц, ш, andere immer weich – ч, щ.

2 Die Vokale

In **betonter** Silbe gibt es fünf Vokale: [а], [о], [у], [э], [и]/[ы].

hart	а	э	ы	о	у
weich	я	е	и	ё	ю

Die so genannten weichen Vokalbuchstaben und auch das ь zeigen an, dass der vorstehende Konsonant weich ausgesprochen wird.
пять [п´ат´], дя́дя [д´а́]дя, день [д´ен´], Люба [л´у́]ба, (он) вёл [в´о]л

Russische **unbetonte** Vokale werden kürzer ausgesprochen als die betonten und verändern zum Teil ihren Klang.

Unbetontes а und о wird vor der betonten Silbe und im Wortanfang wie kurzes а [а] gesprochen: дава́ть д[а]ва́ть, апре́ль [а]пре́ль, вода́ в[а]да́, окно́ [а]кно́
In allen anderen Fällen wird ein sehr kurzer Vokal ausgesprochen, etwa wie das e im deutschen Wort *Tasse* [ə]: каранда́ш к[ə]р[а]нда́ш, спаси́бо сп[а]си́б[ə].

Unbetontes е und я wird vor der betonten Silbe wie kurzes [и] gesprochen.
лежа́ть л[и]жа́ть, пяти́ п[и]ти́
In allen andern Fällen wird ein sehr kurzes [и] ausgesprochen.
де́вять де́в[и]ть, рестора́н р[и]стора́н

Nach den immer harten ж, ш und ц wird и als [ы] gesprochen.
жизнь ж[ы]знь, широ́кий ш[ы]ро́кий, цирк ц[ы]рк
Nach ч wird anstelle eines unbetonten а ein kurzes [и] gesprochen: часы́ ч[и]сы́

3 Grundlegende Schreibregeln

Russische **Substantive** werden, wie auch im Englischen und Französischen, außer am Satzanfang **klein geschrieben**. Nur Eigennamen schreibt man groß.
Росси́я, Герма́ния, Пётр, Берли́н

Besteht ein Eigenname aus mehreren Teilen, wird meist nur das erste Wort groß geschrieben: Не́вский проспе́кт, Зи́мний дворе́ц, Ру́сский музе́й.
Wörter wie *у́лица*, *го́род*, *пло́щадь* werden in Kombination mit Eigennamen klein geschrieben: у́лица Толсто́го, го́род Москва́, пло́щадь Декабри́стов.

Nach г, к, х und den **Zischlauten** ж, ч, ш, щ wird **stets** и geschrieben (nicht ы).
На столе́ лежа́т кни́ги, ру́чки и карандаши́.
Nach ж, ч, ш, щ schreibt man nicht ю, я, ы, sondern meist у, а, и: жить, час, ша́пка, щи.
Nur in einigen Fremdwörtern steht ю oder я: жюри́, парашю́т.

Nach den Zischlauten ж, ч, ш, щ, ц steht in betonter Silbe ein о, in unbetonter ein е.
писа́ть карандашо́м, рабо́тать продавцо́м, рабо́тать продавщи́цей, говори́ть с Ма́шей
In Fremdwörtern sind Ausnahmen möglich, z. B. шокола́д, шофёр.

Das Verb — Глаго́л

Verben benennen **Handlungen** (Tätigkeiten, Vorgänge, Zustände) **in ihrem zeitlichen Ablauf**.
стро́ить *bauen*, расти́ *wachsen*, прие́хать *ankommen*, лежа́ть *liegen*

Im Unterschied zum Deutschen ist jede russische Verbform **einem Aspekt** zugeordnet (→ 7). Auch in anderen slawischen Sprachen (z. B. im Polnischen und Tschechischen) werden Verben nach dem Aspekt unterschieden.

Die Verbstämme

Fast alle russischen Verben verfügen über zwei Stämme: den Infinitivstamm und den Präsensstamm. Mit diesen Stämmen werden die verschiedenen grammatischen Formen (Zeitformen, Partizipien, Imperativ u. a.) gebildet.

Den **Infinitivstamm** erhältst du, indem du vom Infinitiv des Verbs *-ть* oder *-ти* abstreichst.

Infinitiv	Infinitivstamm	Suffix	deutsche Bedeutung
зака́зывать	зака́зыва-	-ть	*bestellen*
нести́	нес-	-ти́	*tragen*

Den **Präsensstamm** (bei vollendeten Verben den Futurstamm) erhältst du, wenn du von der 3. Pers. Pl. des Verbs die Endung *-ут*, *-ют* bzw. *-ат*, *-ят* abstreichst.

Infinitiv	3 Pers. Pl.	Präsensstamm	(Futurstamm)	deutsche Bedeutung
де́лать	де́лают	де́ла-		*machen*
постро́ить	постро́ят		постро́-	*bauen*
говори́ть	говоря́т	говор-		*sprechen*
чита́ть	чита́ют	чита́-		*lesen*

Einige Verben haben nur einen auf einen Konsonanten auslautenden Stamm, von dem alle Formen gebildet werden:

Infinitiv		нести́	везти́	мочь (*Prät.* мог_, могла́, могли́)
3. Pers. Pl. Präs.	(они́)	несу́т	везу́т	мо́гут
Stamm		нес-	вез-	мог-

Infinitiv- und Präsensstamm gleichen einander oft, z. B. bei *рабо́тать* und *привезти́*.

Das Verb – Глагóл

5 Die Konjugation der Verben

 Wie im Deutschen verändert auch im Russischen das Verb je nach Person und Zahl des Subjekts seine Form. Es gibt somit im Präsens (Gegenwart) sechs verschiedene Konjugationsendungen (Personalendungen).

Im Russischen gibt es zwei Konjugationsarten, die *e*-Konjugation und die *u*-Konjugation. Du erkennst sie am Vokal in der Endung.

Диалóг 1| 2Б

Die *e*-Konjugation

Haben die Endungen der 2. und 3. Pers. Sg. und in der 1. und 2. Pers. Pl. ein *e*, spricht man von der *e*-Konjugation. Die meisten Verben auf -*ать*/-*ять* und auf -*еть* kannst du so konjugieren.

		читáть	гуля́ть	имéть
Sg.	я	читáю	гуля́ю	имéю
	ты	читáешь	гуля́ешь	имéешь
	он, онá, онó	читáет	гуля́ет	имéет
Pl.	мы	читáем	гуля́ем	имéем
	вы	читáете	гуля́ете	имéете
	они́	читáют	гуля́ют	имéют

Диалóг 2| 2В

Hierzu gehören auch die Verben auf -*овать*, -*евать*. Bei ihnen wird -*ова*-, -*ева*- zu -*у*:
рисовáть – рису́ю, рису́ешь, рису́ет; рису́ем, рису́ете, рису́ют
танцевáть – танцу́ю, танцу́ешь, танцу́ет; танцу́ем, танцу́ете, танцу́ют

 Im Präteritum fällt das Suffix -*ова*- nicht weg: он рисовáл.

Диалóг 1| 2А

Die *u*-Konjugation

Haben die Konjugationsendungen in der 2. und 3. Pers. Sg. und in der 1. und 2. Pers. Pl. ein *u*, spricht man von der *u*-Konjugation.
Nach der *u*-Konjugation werden die meisten mehrsilbigen Verben auf -*ить* konjugiert, aber auch einige auf -*еть* und -*ать*.

		говори́ть	смотрéть	слы́шать
Sg.	я	говорю́	смотрю́	слы́шу
	ты	говори́шь	смóтришь	слы́шишь
	он, онá, онó	говори́т	смóтрит	слы́шит
Pl.	мы	говори́м	смóтрим	слы́шим
	вы	говори́те	смóтрите	слы́шите
	они́	говоря́т	смóтрят	слы́шат

Wenn der Präsensstamm auf einen Zischlaut endet (ж, ч, ш, щ), dann endet die 1. Pers. Sg. auf -*у* und die 3. Pers. Pl. auf -*ут* bzw. -*ат*. In den anderen Fällen findest du -*ю* bzw. -*ют*, -*ят*.

 Häufig findet bei der Konjugation ein Konsonantenwechsel statt:
с, х → ш: писáть – пишу́, пи́шешь, пи́шут (! Betonungswechsel)
з → ж: возúть – вожу́, вóзишь, вóзят

д → ж: ходи́ть – хожу́, хо́дишь, хо́дят, ви́деть – ви́жу, ви́дишь, ви́дят
к, т → ч/щ: заплати́ть – заплачу́, запла́тишь, запла́тят
посети́ть – посещу́, посети́шь, посетя́т

Endet der Präsensstamm auf einen weichen Konsonanten *б, в, м, п, ф*, wird in der 1. Pers. Sg. vor der Endung ein *-л* eingeschoben: люби́ть - я люблю́.
Die anderen Formen kannst du regelmäßig bilden.
спать – сплю, спишь, спит, спим, спи́те, спят
люби́ть – люблю́, лю́бишь, лю́бит, лю́бим, лю́бите, лю́бят

Es gibt auch **unregelmäßige Konjugationen**. Diese musst du dir einprägen.

		есть *essen*
Sg.	я	ем
	ты	ешь
	он, она́, оно́	ест
Pl.	мы	еди́м
	вы	еди́те
	они́	едя́т

Eine **Übersicht der wichtigsten unregelmäßigen Verben** findest du auf S. 61–64.

Die Zeitformen

Im Russischen kann man von jedem unvollendeten Verb Präsens, Präteritum und Futur bilden, von einem vollendeten Verb nur Präteritum und Futur.

Das Präsens

Die Präsensformen des **unvollendeten** Verbs (Präsensstamm + Personalendung) drücken die Gegenwart aus.
я чита́ю, ты чита́ешь, они́ чита́ют *ich lese, du liest, sie lesen*

Die Präsensformen des **vollendeten** Verbs (Präsensstamm + Personalendung) drücken das einfache Futur aus.
я сде́лаю, ты сде́лаешь, они́ сде́лают *ich werde machen, du wirst machen, sie werden machen*

Gebrauch von sein (*быть*) im Präsens

Диалог 1 | C2, C5, 1A, 1Б

Im Gegensatz zum Deutschen und Englischen gibt es im russischen Aussagesatz im Präsens keine Form von *sein*. Das Russische ist hier also einfacher und sparsamer als das Deutsche oder Englische.

Ich bin Nadja. / *I am/I'm Nadja.*
Wer ist das? / *Das ist mein Freund.*
Wo ist Mischa? / *Er ist im Stadion.*
Woher kommst du? / *Ich bin (komme) aus München.*

Das Verb – Глагóл

Das Präteritum

Das Präteritum bildest du bei Verben auf *–ть* mit dem **Infinitivstamm** + -л (m.), -ла (w.), -ло (s.). Im Plural gibt es nur die Form –ли. Bei reflexiven Verben (→ 11) endet das Prät. auf -лся, -лась, -лось, -лись.

Infinitiv	Infinitivstamm	Präteritum	Geschlecht	Person
читáть	читá-	читáл	m.	я, ты, он
		читáла	w.	я, ты, онá
		читáли	Pl., m. und w.	мы, вы, онú
говорúть	говорú-	говорúл	m.	я, ты, он
		говорúла	w.	я, ты, онá
		говорúли	Pl., m. und w.	мы, вы, онú
занимáться	занимá-	занимáлся	m.	я, ты, он
		занимáлась	w.	я, ты, онá
		занимáлось	s.	онó
		занимáлись	Pl., m. und w.	мы, вы, онú

D | E · TIPP!

Im Gegensatz zum Deutschen und Englischen hat das Russische nur **eine Form der Vergangenheit**, die allen drei Zeitstufen der Vergangenheit im Deutschen entspricht (*war, bin gewesen, war gewesen*). Beim Übersetzen entscheidet der Sinnzusammenhang, welche Zeitform du wählen musst, z. B.
Он игрáл в футбóл. *Er spielte Fußball.* **oder:** *Er hat Fußball gespielt.*

Einige Verben bilden unregelmäßige Vergangenheitsformen.
Diese musst du dir einprägen (→ S. 61–64).
идтú – он шёл, онá шла, онú шли
помóчь – он помóг, онá помоглá, онú помоглú

Das Futur

Mit dem Futur kannst du zukünftige Handlungen ausdrücken. Im Russischen gibt es zwei Formen – das einfache Futur und das zusammengesetzte Futur.

Диалóг 2| 4Б

Die Formen des **einfachen Futurs vollendeter Verben** (Präsensstamm + Personalendung) werden wie die Präsensformen unvollendeter Verben gebildet.
я подарю́, ты подáришь, они́ подáрят
ich werde schenken, du wirst schenken, sie werden schenken

(v. = Futur) *Ich werde nach dem Mittag Zeitung lesen.*

Диалóг 2| 1В

D | E

Die Formen des **zusammengesetzten Futurs unvollendeter Verben** werden aus einer konjugierten Form von *быть* und dem Infinitiv des unvollendeten Verbs gebildet. Die Struktur des zusammengesetzten Futurs entspricht dem Deutschen (*werden + Inf.*) und dem Englischen (*will-future*).

Deutsch			Russisch			Englisch		
werden + Infinitiv des Vollverbs			быть + инфинитив			will + infinitive		
ich	werde		я	буду		I	will	
du	wirst		ты	будешь		you	will	
er, sie, es	wird	Tennis	он, она, оно	будет	играть в	he, she, it	will	play
wir	werden	spielen	мы	будем	теннис	we	will	tennis
ihr	werdet		вы	будете		you	will	
sie	werden		они	будут		they	will	

Bei der Verneinung wird in allen drei Sprachen nur das Hilfsverb verneint.
Du musst aber auf die Wortfolge achten, die sich unterscheidet.
Я <u>не</u> буду играть в теннис.
Ich werde <u>nicht</u> Tennis spielen. I won't (will not) play tennis.

Willst du ausdrücken, dass im Futur mehrere Handlungen aufeinander folgen, verwendest du den vollendeten Aspekt. Beachte die verwendeten Signalwörter.

<u>Сначала</u> я посмотрю фильм о Санкт-Петербурге, <u>после этого</u> пообедаю у бабушки, а <u>потом</u> погуляю по городу с друзьями.

Zuerst werde ich mir einen Film über Sankt Petersburg ansehen, danach (also: wenn ich den Film zu Ende gesehen habe) werde ich bei meiner Oma zu Mittag essen und dann (wenn ich aufgegessen habe) werde ich mit Freunden durch die Stadt bummeln.

Диалог 2| 4Б

Vollendete Verben können nicht mit *быть* zur Bildung des Futurs verwendet werden!

TIPP!

Die Aspekte

Einem deutschen Verb entsprechen im Russischen (und in anderen slawischen Sprachen) in der Regel zwei Verben – ein vollendetes und ein unvollendetes, z. B. *написа́ть/писа́ть*. Sie haben die gleiche Grundbedeutung (*schreiben*), unterscheiden sich aber nach der Betrachtungsweise des Handlungsverlaufs.

Диалог 2|4Б

Den **vollendeten Aspekt** (v.) verwendet man in der Regel für	Den **unvollendeten Aspekt** (uv.) verwendet man in der Regel für
– eine abgeschlossene Handlung,	– andauernde Handlungen,
Вчера Нина посетила музей. *Nina besuchte gestern ein Museum.*	Он долго рассказывает о поездке в Москву. *Er erzählt lange von seiner Reise nach Moskau. (= Er tut es immer noch.)*

Das Verb – Глагол

– mehrere aufeinander folgende Handlungen,	– sich wiederholende Handlungen,
 Ученики́ вы́шли из по́езда, се́ли в авто́бус и пое́хали на о́зеро. *Die Schüler sind aus dem Zug ausgestiegen, in den Bus eingestiegen und zum See gefahren.*	Мы регуля́рно занима́емся спо́ртом. *Wir treiben regelmäßig Sport.*
– die Betonung des Ergebnisses der Handlung.	– gleichzeitig ablaufende Handlungen.
В суббо́ту я напишу́ письмо́ своему́ дру́гу. *Am Samstag werde ich meinem Freund einen Brief schreiben* (= Der Brief ist dann fertig.)	 Вчера́ И́ра смотре́ла телеви́зор и писа́ла письмо́. *Gestern hat Ira fern gesehen und (dabei) einen Brief geschrieben.*

Диалог 2 | 5Б

Aspektgebrauch in der Vergangenheit

Verwendest du den **vollendeten Aspekt** in der Vergangenheit, so betonst du

1. dass die Handlung bereits abgeschlossen ist.
Я прочита́л(а) журна́л.
Ich habe die Zeitschrift gelesen.
(= Ich bin damit fertig.)

2. dass die Handlung nur einmal stattfand.
Я написа́ла письмо́.
Ich habe (nur) einen Brief geschrieben.

3. das Ergebnis der Handlung.
В суббо́ту мы сде́лали ремо́нт в кварти́ре.
Am Samstag haben wir unsere Wohnung renoviert.
(= Jetzt ist sie fertig.)

Verwendest du dagegen den **unvollendeten Aspekt** in der Vergangenheit, so betonst du

1. den Verlauf einer Handlung.
Я три часа́ чита́л(а) журна́л.
Drei Stunden lang las ich eine Zeitschrift.

2., dass die Handlung sich wiederholte, also öfter als einmal stattfand.
Я ча́сто писа́ла пи́сьма.
Ich habe oft Briefe geschrieben.

3. die Dauer einer Handlung.
Три неде́ли мы де́лали ремо́нт в кварти́ре.
Drei Wochen lang haben wir unsere Wohnung renoviert.
(= Es hat drei Wochen gedauert.)

Die Bildung der Aspekte

Die Aspekte werden auf verschiedene Arten gebildet. Oft lässt sich aus dem unvollendeten Aspekt der vollendete bilden oder umgekehrt.

Viele **vollendete Aspektpartner** werden durch **Präfixe** aus den unvollendeten Verben gebildet.

написа́ть/писа́ть *schreiben*
позвони́ть/звони́ть *anrufen*
сде́лать/де́лать *machen, tun*
сыгра́ть/игра́ть *spielen*

вы́учить/учи́ть *lernen*
прочита́ть/чита́ть *lesen*
заплати́ть/плати́ть *bezahlen*
разбуди́ть/буди́ть *(auf)wecken*

Nicht alle Präfixe werden zur Aspektbildung eingesetzt. Manchmal führen sie zur Bildung **neuer vollendeter Verben**, die <u>nicht</u> Aspektpartner des Ausgangsworts sind und die eine andere Bedeutung haben. Sie bilden dann wiederum einen eigenen unvollendeten Aspektpartner mit Suffixen.

писа́ть *schreiben*, прописа́ть/пропи́сывать *verschreiben*

Der unvollendete Aspekt

Viele unvollendete Verben erkennst du daran, dass sie kein Präfix haben. Außerdem können sie durch Suffixe gekennzeichnet sein, durch die sie vom vollendeten Aspekt gebildet wurden: *-ыва-* (nach harten Konsonanten), *-ива-* (nach weichen Konsonanten, Vokalen, Zischlauten und *г, к, х*), *-ва-*, *-а-* oder *-я-*.

vollendet	unvollendet		deutsche Bedeutung
зарабо́тать	зараба́т**ыва**ть		*verdienen, erarbeiten*
откры́ть	откр**ыва́**ть		*öffnen*
перестро́ить	перестр**а́ива**ть	!Vokalwechsel	*umbauen*
дать	да**ва́**ть		*geben*
забы́ть	забы**ва́**ть		*vergessen*
реши́ть	реш**а́**ть		*lösen*
отве́тить	отвеч**а́**ть		*antworten*

Bei einigen Verben haben die Aspektpartner **verschiedene Wurzeln**, z. B.

сказа́ть/говори́ть *sagen*
положи́ть/класть *legen*
взять/брать *nehmen*

сесть/сади́ться *sich setzen*
пойма́ть/лови́ть *fangen*

Einige Verben gehören beiden Aspekten an, sind also vollendet und unvollendet.
организова́ть *organisieren*, испо́льзовать *verwenden*, иссле́довать *erforschen*

Auskunft über die Aspektbedeutung gibt dir dann der Kontext oder **Signalwörter**.
Signalwörter des vollendeten Aspekts sind:
вдруг, наконе́ц, сейча́с, сра́зу, в оди́н моме́нт, случа́йно, за два часа́
bei aufeinander folgenden Handlungen: снача́ла, по́сле э́того, пото́м u. ä.
Signalwörter des unvollendeten Aspekts sind:
до́лго, иногда́, ка́ждый день, регуля́рно, постоя́нно, по утра́м, обы́чно, ре́дко

Das Verb – Глаго́л

Die Verben der Bewegung

Диалог 2| 1A

Es gibt im Russischen einige **unvollendete Verbpaare**, die eine Fortbewegung ausdrücken, z. B. *идти́* und *ходи́ть*. *Идти́* ist ein **bestimmtes** (zielgerichtetes) **Verb**, *ходи́ть* **ein unbestimmtes** (nicht zielgerichtetes). Sie sind beide unvollendet und somit <u>keine</u> Aspektpartner.
Die zielgerichteten Verben bezeichnen eine Fortbewegung **in nur einer Richtung**, die nicht zielgerichteten Verben die Fortbewegung **in mehrere Richtungen**.

Диалог 2| 5A, 5B

Nicht präfigierte paarige Verben der Bewegung

bestimmtes Verb → Ziel	unbestimmtes Verb → ~~Ziel~~	deutsche Bedeutung
бежа́ть	бе́гать	laufen, rennen
вести́	води́ть	führen
е́хать	е́здить	fahren
идти́	ходи́ть	gehen
лете́ть	лета́ть	fliegen
нести́	носи́ть	tragen
плыть	пла́вать	schwimmen

Я иду́ в кино́. — Ich gehe ins Kino. (Das Kino ist mein Ziel.)
Па́па Оле́га лети́т в Сиби́рь. — Olegs Vater fliegt nach Sibirien.
Оле́г плывёт к бе́регу. — Oleg schwimmt zum (ans) Ufer.

Das **unbestimmte Verb** bezeichnet

1. eine sich wiederholende, auch gewohnheitsmäßige Bewegung

2. eine Bewegung in verschiedene Richtungen, hin und her, kreuz und quer

Я ча́сто хожу́ в кино́.
Ich gehe oft ins Kino.

Па́па Оле́га мно́го лета́ет по Росси́и.
Olegs Vater fliegt viel durch Russland.
(= Er ist viel mit dem Flugzeug unterwegs.)

Я е́зжу в шко́лу на велосипе́де.
Für gewöhnlich fahre ich mit dem Rad zur Schule.

Оле́г пла́вал в о́зере.
Oleg schwamm im See (herum).

Bei den nicht zielgerichteten Verben der Bewegung tritt **im Präteritum eine zusätzliche Bedeutung** auf, die es in der Gegenwart nicht geben kann: eine (bereits erfolgte) Bewegung zu einem Ziel und zurück.

Вчера́ мы ходи́ли в кино́.
Gestern waren wir im Kino.
(Wir sind hingegangen und sind jetzt wieder zu Hause.)
В про́шлом году́ мы е́здили в Росси́ю.
Im letzten Jahr waren wir in Russland.
(Wir sind hingefahren und sind jetzt wieder zu Hause.)

Mit nicht zielgerichteten Verben der Bewegung kannst du auch eine **Vorliebe, Fähigkeit oder Eigenschaft** ausdrücken.

Я люблю́ пла́вать в мо́ре. *Ich schwimme gern im Meer.*
Ма́ша ещё не хо́дит, ей то́лько год. *Mascha kann noch nicht laufen, sie ist erst ein Jahr alt.*
Про́бка пла́вает. *Kork schwimmt (geht nicht unter).*

Öffentliche Verkehrsmittel werden mit dem Verbpaar *идти́/ходи́ть* verwendet.
Авто́бус идёт к вокза́лу.   *Der Bus fährt zum Bahnhof.*
Электри́чка хо́дит ка́ждые пять мину́т.   *Die Bahn fährt alle fünf Minuten.*

Wenn das Transportmittel ein Schiff ist, wird *плыть/пла́вать* verwendet.
Парохо́д плывёт в Москву́.   *Der Dampfer fährt nach Moskau.*
Ле́том мы пла́вали на ло́дке.   *Im Sommer sind wir Boot gefahren.*

Präfigierte Verben der Bewegung

Диалог 3| 6A

Mit Präfixen räumlicher Bedeutung (z. B. в- *hinein, herein*, вы- *heraus, hinaus*, при- *herein, herbei*, у- *weg*, до- *hin-, zu*, пере- *hinüber, herüber*, про- *hindurch*) werden von den zielgerichteten Verben der Bewegung neue vollendete Verben gebildet, ihre unvollendeten Aspektpartner oft von den nicht zielgerichteten Verben. Bei diesen neuen Aspektpaaren unterscheidet man aber <u>nicht</u> mehr zwischen zielgerichtet und nicht zielgerichtet.

Ausgangsverben	лете́ть *uv.* (*zielger.*) – лета́ть *uv.* (*nicht zielger.*)	*fliegen*
Aspektpaare (mit neuer Bedeutung)	**вы́**лететь *v.*/**вы**лета́ть *uv.* **при**лете́ть *v.*/**при**лета́ть *uv.* **у**лете́ть *v.*/**у**лета́ть *uv.*	*abfliegen, starten* *(mit dem Flugzeug) ankommen* *weg-, abfliegen*

Häufige Präfixe mit räumlicher Bedeutung

в(о)-	hinein-, herein-	войти́/входи́ть (в)
вы-	hinaus-, heraus-	вы́ехать/выезжа́ть, вы́йти/выходи́ть, вы́лететь/вылета́ть, вы́нести/выноси́ть (из)
при-	herbei-, herein-	прие́хать/приезжа́ть, прийти́/приходи́ть, прилете́ть/прилета́ть, принести́/приноси́ть (к, в, на)
пере-	hinüber-, herüber-	перее́хать/переезжа́ть, перейти́/переходи́ть, перелете́ть/перелета́ть, перенести́/переноси́ть (в, на)

Das Verb – Глагол

про-	vorbei-, vorüber-, durch-	прое́хать/проезжа́ть, пройти́/проходи́ть, пролете́ть/пролета́ть, пронести́/проноси́ть
у-	fort-, weg-	уе́хать/уезжа́ть, уйти́/уходи́ть, улете́ть/улета́ть, унести́/уноси́ть (из, с)
до-	heran-	дойти́/доходи́ть (до)
от(о)-	weg-	отойти́/отходи́ть (от, в, на)

Durch Anfügen eines Präfixes verändert sich bei einzelnen Verben der Stamm.
идти́ (uv.) > вы́йти (v.), прийти́ (v.).
е́здить (uv.) > вые́зжа́ть uv., прие́зжа́ть (uv.).

Die **Konjugation der präfigierten Verben der Bewegung** unterscheidet sich in der Regel nicht von der Konjugation der nicht präfigierten Verben.

Самолёт лети́т в Москву́.   Самолёт вы́летит по расписа́нию.

Eine Ausnahme bilden Formen mit *-езжа́ть* und *-плыва́ть* (*e*-Konjugation).
я приезжа́ю, ты приезжа́ешь, они́ приезжа́ют
я проплыва́ю, ты проплыва́ешь, они́ проплыва́ют

Präfigierung mit *по-*
Wenn ein Verb der Bewegung mit *по-* präfigiert wird, ergeben sich keine Aspektpaare. Beide präfigierten Verben sind **vollendet**. Die von den **bestimmten** Formen mit *по-* gebildeten vollendeten Verben heben den **Beginn der Handlung** hervor, die von den **unbestimmten** Formen mit *по-* gebildeten vollendeten Verben heben die zeitliche Begrenzung der Handlung auf eine **kurze Dauer** hervor.

по + bestimmtes Verb	*по* + unbestimmtes Verb
пойти́ – *losgehen*	**по**бе́гать – *ein wenig herumlaufen*
пое́хать – *losfahren*	**по**пла́вать – *eine Weile schwimmen*
полете́ть – *losfliegen*	

9 Der Konjunktiv

Диалог 4| 4A

Die Formen des Konjunktivs drücken **ein mögliches** oder **wünschenswertes Geschehen** in der Zukunft oder Vergangenheit aus. Den Konjunktiv kannst du bilden, wenn du die Vergangenheitsform des Verbs und die Partikel *бы* verwendest (сде́лал бы).
Die Partikel *бы* wird vom Verb getrennt geschrieben. Die Vergangenheitsform ändert sich dabei nach Genus und Numerus.

	Infinitiv *купи́ть*		
m.	Я, ты, он	купи́л бы э́ту кни́гу.	*Ich, du, er hätte dieses Buch gekauft.*
w.	Я, ты, она́	купи́ла бы э́ту кни́гу.	*Ich, du, sie hätte dieses Buch gekauft.*
s.	Оно́	купи́ло бы э́ту кни́гу.	*Es hätte dieses Buch gekauft.*
Pl.	Мы, вы, они́	купи́ли бы э́ту кни́гу.	*Wir, ihr, sie hätten dieses Buch gekauft.*

Die Stellung von *бы* im Satz ist variabel. Gewöhnlich steht es hinter dem Verb, zu dem es gehört. Du kannst aber auch ein anderes Wort hervorheben. Dann musst du *бы* hinter das zu betonende Wort stellen.

Я не сде́лал(а) <u>бы</u> э́того. *Ich hätte das <u>nicht getan</u>.*
Я <u>бы</u> э́того не сде́лал(а). <u>*Ich*</u> *hätte das nicht getan.*

Der Konjunktiv in Hauptsätzen

Mit dem Konjunktiv kannst du eine **mögliche Handlung** (oder nicht mehr mögliche) ausdrücken, z. B.:

Сего́дня не могу́, но за́втра я с удово́льствием пошёл бы в кино́.
Heute kann ich nicht, aber morgen würde ich gern ins Kino gehen.

Ferner kannst du den Konjunktiv für eine **freundliche Aufforderung** oder **Bitte** verwenden:

Рассказа́л бы ты лу́чше ма́ме об э́том.
Es wäre besser, du würdest Mama davon erzählen.
Мы хоте́ли бы с Ва́ми поговори́ть.
Wir würden gern mit Ihnen sprechen.

Zur Anwendung des Konjunktivs in Objektsätzen (→ 55), in Konditionalsätzen (→ 54), in der indirekten Rede (→ 57).

Der Imperativ

Mit dem Imperativ kannst du – wie auch im Deutschen und Englischen – verschiedene Arten von Aufforderungen an eine oder mehrere Personen formulieren: **höfliche Einladungen**, **Wünsche**, **Bitten**, **Anweisungen** oder **Befehle**.
Imperativformen gibt es im Russischen – wie im Deutschen – nur für die 2. Pers. Sg. und die 2. Pers. Pl.
Imperativformen können von **vollendeten** und **unvollendeten** Verben gebildet werden.

Die Bildung des Imperativs der **2. Pers. Sg.** geht immer vom Präsensstamm aus. Dabei werden die Endungen des Präsens (*-ут*, *-ют* oder *-ат*, *-ят*) durch spezielle Suffixe ersetzt:

1. durch *й*, wenn der Präsensstamm auf einen Vokal endet
чита́ют > чита- > чита́**й**
2. durch *и*, wenn der Präsensstamm auf einen Konsonanten endet und die 1. Pers. Sg. endbetont ist
говоря́т > говор- (1. Pers. Sg. говорю́) > говор**и́**
3. durch *ь*, wenn der Präsensstamm auf einen Konsonanten endet und die 1. Pers. Sg. stammbetont ist
отве́тят > ответ- (1. Pers. Sg. отве́чу) > отве́т**ь**

Der Imperativ reflexiver Verben wird genau so wie der von nicht reflexiven Verben gebildet.
1. занима́ются > занима́- > занима́**йся**
2. у́чатся > уч- > учи́**сь**
3. знако́мятся > знако́м- > знако́м**ься**

Das Verb – Глаго́л

Beachte: *-сь* (nach Vokal) und *-ся* (nach Konsonant) am Wortende.

Die Formen des Imperativs der **2. Pers. Pl.** werden durch Anfügen von *-те* an die Formen der 2. Pers. Sg. gebildet.
1. чита́й > чита́йте; занима́йся > занима́йтесь
2. покажи́ > покажи́те; учи́сь > учи́тесь
3. отве́ть > отве́тьте; знако́мься > знако́мьтесь

Die Formen des Imperativs der 2. Pers. Pl. können sowohl für Aufforderungen an **mehrere vertraute Personen** (*ihr*) als auch an eine oder mehrere **höflich mit *Sie*** angesprochene Personen verwendet werden.

Игра́йте!	*Spielt! Spielen Sie!*
Догада́йтесь!	*Erratet es! Erraten Sie es!*
Говори́те!	*Sprecht! Sprechen Sie!*
Займи́тесь (э́тим)!	*Nehmt euch (der Sache) an! Nehmen Sie sich (der Sache) an!*
Поздра́вьте!	*Gratuliert! Gratulieren Sie!*
Гото́вьтесь!	*Bereitet euch vor! Bereiten Sie sich vor!*

Der Imperativ einiger Verben weist **Besonderheiten** auf.

дать (v.) – дай, да́йте   дава́ть (uv.) - дава́й, дава́йте   есть – ешь, е́шьте
пить – пей, пе́йте   по/прие́хать – по/приезжа́й, по/приезжа́йте

Die 1. Pers. Pl. des Futurs vollendeter Verben kann die Aufforderung des Sprechers ausdrücken, eine **Handlung gemeinsam** auszuführen.
Пойдём (Пойдёмте) в кино́! *Lass (Lasst) uns ins Kino gehen.*

Durch *дава́й*, das auch mit dem Infinitiv verbunden werden kann, wird die Aufforderung verstärkt.
Дава́й посмо́трим (v.) фильм. *Lass uns den (einen) Film ansehen.*
Дава́йте игра́ть (uv.) в футбо́л. *Lasst uns Fußball spielen.*

11 Die reflexiven Verben

Im Russischen und im Deutschen gibt es so genannte reflexive Verben. Du erkennst sie im Deutschen am Reflexivpronomen *sich* (z. B. *sich waschen*, *sich beschäftigen*), im Russischen an den Suffixen *-ся* (nach Konsonant) und *-сь* (nach Vokal).
занима́ться *sich beschäftigen*, мы́ться *sich waschen*

-ться sprich [ца]: занима́ться *sprich*: занима́[ца]

	Pers.	Präsens	Präteritum	Imperativ
Sg.	я	занима́юсь	занима́лся,	
	ты	занима́ешься	занима́лась,	занима́йся!
	он, она́, оно́	занима́ется	занима́лось	
Pl.	мы	занима́емся		
	вы	занима́етесь	занима́лись	занима́йтесь!
	они́	занима́ются		

Sich mit etw. beschäftigen wird im Russischen ohne Präposition und **mit dem Instrumental** ausgedrückt, z. B. занима́ться спо́ртом *Sport treiben*.

Reflexive Verben können nie mit einem direkten Objekt im Akkusativ verbunden werden.

Russische und deutsche reflexive Verben entsprechen einander oft, aber nicht immer.
отдыха́ть *sich erholen*, учи́ться *lernen*, по́льзоваться *nutzen*
Reflexive Verben musst du grundsätzlich von den unvollendeten Passivformen, die mit -ся gebildet werden, unterscheiden (→ 12).

Das Passiv

Das Russische unterscheidet – wie auch das Deutsche und das Englische – Aktiv- und Passivformen. Wenn du eine **Handlung** ausdrücken willst, **die auf das Subjekt gerichtet ist**, musst du eine Passivform verwenden. Die erste Frage ist hierbei im Russischen immer die nach dem Aspekt des Verbs.

Das Passiv unvollendeter transitiver Verben
Transitive Verben sind Verben, die ein Akkusativobjekt verlangen.
стро́ить *что?*, спроси́ть *кого?*

Das Passiv unvollendeter transitiver Verben bildest du durch Anfügen von -*ся* (nach Konsonant) oder -*сь* (nach Vokal) an die entsprechende Form des Aktivs.

	стро́ить – *bauen*	
	Aktiv	Passiv
Präsens	Строи́тельная фи́рма стро́ит но́вую спорти́вную площа́дку. *Die Baufirma baut einen neuen Sportplatz.*	Но́вая спорти́вная площа́дка стро́ится строи́тельной фи́рмой. *Der neue Sportplatz wird von einer Baufirma gebaut.*
Präteritum	Строи́тельная фи́рма стро́ила но́вую спорти́вную площа́дку. *Die Baufirma baute einen neuen Sportplatz.*	Но́вая спорти́вная площа́дка стро́илась строи́тельной фи́рмой. *Der neue Sportplatz wurde von einer Baufirma gebaut.*
Futur	Строи́тельная фи́рма бу́дет стро́ить но́вую спорти́вную площа́дку. *Die Baufirma wird einen neuen Sportplatz bauen.*	Но́вая спорти́вная площа́дка бу́дет стро́иться строи́тельной фи́рмой. *Der neue Sportplatz wird von einer Baufirma gebaut werden.*

Ein persönliches Passiv kann nur mit transitiven Verben gebildet werden und wenn das Akkusativobjekt im Aktivsatz **unbelebt** ist.

Das Verb – Глагол

Das Passiv vollendeter transitiver Verben

Diese Form kannst du aus einer konjugierten Form von *быть* und der Kurzform des Partizips Präteritum Passiv (→ 13) bilden.

	прочита́ть *lesen*	
	Aktiv	Passiv
Präsens	nicht möglich	nicht möglich
Präteritum	Оле́г прочита́л кни́гу. *Oleg hat das Buch (durch)gelesen.*	Кни́га была́ прочи́тана Оле́гом. *Das Buch wurde von Oleg (durch)gelesen.*
Futur	Оле́г прочита́ет кни́гу. *Oleg wird das Buch lesen.*	Кни́га бу́дет прочи́тана Оле́гом. *Das Buch wird von Oleg gelesen werden.*

Wird der **Urheber der Handlung** genannt, so steht dieser im **Instrumental**.
Го́род Петербу́рг был осно́ван Петро́м Пе́рвым в 1703 году́.
Petersburg wurde von Peter I. im Jahre 1703 gegründet.

Neben der im Passiv wiedergegebenen Handlung können die Kurzformen des Partizips Präteritum Passiv (in Prät. und Futur in Verbindung mit *быть*) (→ 13) auch den Zustand ausdrücken, der durch die Passivhandlung herbeigeführt worden ist oder werden wird, das so genannte **Zustandspassiv**.

Präsens	Магази́н откры́т.	*Das Geschäft ist geöffnet.*
Präteritum	Библиоте́ка была́ откры́та.	*Die Bibliothek war geöffnet.*
Futur	Окно́ бу́дет откры́то.	*Das Fenster wird geöffnet sein.*

13 Die Partizipien

 D

Partizipien sind **Verbformen**, die **Adjektivendungen** haben und wie diese nach Genus, Numerus und Kasus dekliniert werden. Partizipien können **Lang- und Kurzformen** bilden. Das Deutsche kennt zwei, das Russische vier Partizipien:

	прочита́ть (v.)	чита́ть (uv.)
Partizip Präsens Aktiv		чита́ющий
Partizip Präteritum Aktiv	прочита́вший	чита́вший
Partizip Präsens Passiv		чита́емый
Partizip Präteritum Passiv	прочи́танный	

Диалог 4| 5A

Das Partizip Präsens Aktiv

Das Partizip Präsens Aktiv erkennst du an folgenden Suffixen:

| -ущ-, -ющ- | e-Konjugation | чита́ющий (чита́ть) | *lesend* |
| -ащ-, -ящ- | u-Konjugation | говоря́щий (говори́ть) | *sprechend* |

Die Partizipien reflexiver Verben haben immer (auch nach Vokal) ein *-ся*.
уча́щаяся молодёжь *die lernende Jugend*

22

Das Partizip stimmt als Attribut mit dem Substantiv, auf das es sich bezieht, in Genus, Numerus und Kasus überein.

спя́щая де́вочка   *ein schlafendes Mädchen*   бе́гающий ма́льчик   *ein laufender Junge*

In einem Satz bezeichnet das Partizip Präsens Aktiv die **Gleichzeitigkeit mit der Haupthandlung** des Satzes. Du kannst ein solches Partizip im Deutschen durch das Partizip I (-d) oder durch einen Relativsatz, der mit *der*, *die*, *das* eingeleitet wird, wiedergeben.

Das Partizip Präsens Aktiv gehört im Russischen vor allem der Schriftsprache an. In der gesprochenen Sprache werden Relativsätze mit *кото́рый* bevorzugt.
Он уви́дел чита́ющего кни́гу ученика́.
Он уви́дел ученика́, кото́рый чита́л кни́гу.

Диалог 4| 5A

Das Partizip Präteritum Aktiv
Das Partizip Präteritum Aktiv erkennst du an folgenden Suffixen:
- **-вш-** bei Stammauslaut auf Vokal   чита́вший (чита́ть)   *jmd., der etw. gelesen hat*
- **-ш-**   bei Stammauslaut auf Konsonant нёсший (нести́)   *jmd., der etw. getragen hat*

Das Partizip stimmt als Attribut mit dem Substantiv, auf das es sich bezieht, in Genus, Numerus und Kasus überein.

ю́ноши и де́вушки, око́нчившие шко́лу   *Jugendliche, die die Schule abgeschlossen haben (hatten)*

разби́вшееся зе́ркало   *der zerbrochene Spiegel*
спортсме́н, принёсший свое́й кома́нде золоту́ю меда́ль   *der Sportler, der für seine Mannschaft die Goldmedaille gewonnen hat*

Im Satz bezeichnet das Partizip vollendeter Verben eine **Nebenhandlung, die vor der Haupthandlung** stattgefunden hat. Im Deutschen kann das Partizip durch einen Relativsatz wiedergegeben werden.

Einige Verben weisen unregelmäßige Formen auf:
идти́ *gehen* – ше́дший   нести́ *tragen* – нёсший
расти́ *wachsen* – ро́сший

Das Partizip Präsens Passiv
Диалог 4| 1A

Das Partizip Präsens Passiv erkennst du an folgenden Suffixen:
- **-ем-** *e*-Konjugation   получа́емый (получа́ть)   *der erhaltene*
- **-им-** *u*-Konjugation   люби́мый (люби́ть)   *der geliebte*

Im Deutschen wird das Partizip Präsens Passiv meist durch einen Relativsatz wiedergegeben.
чита́емая кни́га   *das Buch, das gelesen wird*
люби́мое ме́сто   *der Platz/Ort, der geliebt wird; der Lieblingsort*

Wird das Partizip dem Substantiv **nachgestellt**, wird es durch Komma abgetrennt. Im Deutschen gibst du solche Sätze am besten durch einen Relativsatz wieder.
Я купи́л(а) газе́ту, издава́емую в Берли́не.
Ich habe eine Zeitung gekauft, die in Berlin herausgegeben wird.

Das Verb – Глагол

Wenn du den **Urheber der Handlung** nennen willst, musst du den **Instrumental** verwenden.

Все пробле́мы, обсужда́емые на́ми, о́чень важны́.
Alle Probleme, die wir diskutieren, sind sehr wichtig.

Диалог 4| 3A

Das Partizip Präteritum Passiv

Das Partizip Präteritum Passiv verfügt über eine Lang- und eine Kurzform.
Die **Langform** erkennst du an folgenden Suffixen:

-нн-	напи́санный (написа́ть)	*geschrieben*
	организо́ванный (организова́ть)	*organisiert*
-енн-	бро́шенный (бро́сить)	*weggeworfen, weggeschmissen*
-ённ- (betont)	загрязнённый (загрязни́ть)	*verschmutzt*
-т-	откры́тый (откры́ть)	*geöffnet, eröffnet*
	на́чатый (нача́ть)	*begonnen*

Das Partizip Präteritum Passiv wird von **vollendeten transitiven Verben** gebildet. Es stimmt als Attribut mit dem Substantiv, auf das es sich bezieht, in Genus, Numerus und Kasus überein.

разрабо́танный прое́кт *das ausgearbeitete Projekt*
прове́ренная рабо́та *die überprüfte Arbeit*
закры́тое окно́ *das geschlossene Fenster*

Der Urheber der Handlung wird im **Instrumental** genannt. Du kannst das Partizip Präteritum Passiv im Deutschen mit dem Partizip II (*-t* oder *–en*) oder durch einen Relativsatz wiedergeben.

портре́т, нарисо́ванный Ильёй Ре́пиным
das von Ilja Repin gemalte Porträt
oder *das Porträt, das von Ilja Repin gemalt wurde*
же́нщина, изображённая худо́жником
die vom Künstler dargestellte Frau
oder *die Frau, die vom Künstler dargestellt wurde*
пла́тье, сши́тое мое́й подру́гой
das von meiner Freundin genähte Kleid
oder *das Kleid, das meine Freundin genäht hat*

Die **Kurzform** des Partizips Präteritum Passiv wird nur von **vollendeten transitiven Verben** gebildet. Du erkennst diese Form an den Suffixen *-н-* bzw. *-ен-*, *-ён-* oder *-т-* und einer **kurzen Personalendung** (m. *endungslos*, w. *-а*, s. *-о*, Pl. *-ы*).

Das Partizip wird mit einer Form von *быть* (im Präsens ohne *быть*) verwendet und dient zum **Ausdruck des Passivs** (→ 12). Es übernimmt im Satz die **Rolle des Prädikats** und stimmt mit dem Subjekt des Satzes in Genus, Numerus und Kasus überein.

Э́тот дом был постро́ен неме́цкой фи́рмой.
Dieses Haus wurde von einer deutschen Firma gebaut.
Э́та карти́на нарисо́вана неизве́стным худо́жником.
Dieses Bild ist von einem unbekannten Künstler (gemalt worden).
Че́рез два го́да здесь бу́дет постро́ено но́вое зда́ние.
In zwei Jahren wird hier ein neues Gebäude gebaut worden sein (errichtet worden sein).

Die Adverbialpartizipien

Sie sind **unveränderliche Verbformen** und beschreiben eine **Nebenhandlung, die die Haupthandlung** im Satz näher **erläutert**. Sie werden nach Aspekt (v. und uv.) und Tempus (Gleichzeitigkeit oder Vorzeitigkeit) unterschieden.
Das Adverbialpartizip bezieht sich immer auf das Subjekt der Haupthandlung.

Gleichzeitigkeit	Vorzeitigkeit
unvollendetes Verb Präsensstamm + -я, -а	vollendetes Verb Infinitivstamm + -в, -вши, -ши
чита́-ют ↓ **-я** чита́**я**	прочита́-ть ↓ **-в(ши)** прочита́**в**
Handlung verläuft gleichzeitig mit der Haupthandlung des Satzes	Handlung verläuft vor der Haupthandlung des Satzes
lesend, beim Lesen, während er (sie) liest (las)	*nachdem er (sie) gelesen hat(te), nach dem Lesen*
Чита́я кни́гу, он слу́шает му́зыку. *Während er ein Buch liest, hört er Musik.*	Прочита́в кни́гу, он верну́л её в библиоте́ку. *Nachdem er das Buch ausgelesen hat, brachte er es in die Bibliothek zurück.*

Die Verben auf *-авать* behalten bei der Bildung des Adverbialpartizips (im Unterschied zum Präsensstamm) das *-ва-* bei:
дава́ть: даю́т, дава́я

Die Adverbialpartizipien reflexiver Verben weisen stets die Endung –сь auf:
возвраща́ться: возвраща́ясь *bei der Rückkehr, zurückkehrend*
верну́ться: верну́вшись *nach der Rückkehr, zurückgekehrt*

Einige Verben bilden kein Adverbialpartizip der Gleichzeitigkeit.
е́хать, писа́ть, петь, пить, спать, хоте́ть

Die russischen Adverbialpartizipien werden fast ausschließlich in der Schriftsprache gebraucht.

Das Deutsche kennt keine Adverbialpartizipien. Du kannst sie aber, je nach Kontext, durch verschiedene Mittel wiedergeben – durch eine Adverbialbestimmung, durch einen Temporalsatz (*während, als, wenn, nachdem*), einen Modalsatz (*indem, wobei, ohne zu*), einen Kausalsatz (*weil, da*), einen Finalsatz (*damit, um zu*), einen Konditionalsatz (*wenn*) oder durch ein zweites Prädikat.

Das Substantiv — Имя существительное

Substantive benennen **Lebewesen**, **Gegenstände** und **gegenständlich Gedachtes**.
отец *Vater*, собака *Hund*, окно *Fenster*, любовь *Liebe*

Диалог 1 | C6

Im Unterschied zum Deutschen gibt es im Russischen **keinen Artikel**.
мальчик *der Junge* oder *ein Junge* oder *Junge*
девушка *das Mädchen* oder *ein Mädchen* oder *Mädchen*.
Ob bei der Übersetzung in das Deutsche der bestimmte, der unbestimmte oder kein Artikel zu verwenden ist, musst du aus dem Satzzusammenhang erschließen.

14 Das Genus

Диалог 1 | C6

Bei Substantiven, die **Personen** oder **Tiere** bezeichnen, entspricht das grammatische Geschlecht in der Regel ihrem **natürlichen Geschlecht**.
weiblich: мама, Настя, Уте, Бритт   männlich: папа, Сильвио, Серёжа, кот

Das Genus der meisten anderen Substantive erkennst du an deren **Endung im Nom. Sg.**

Genus	Endung im Nom. Sg.	Beispiele
m.	meistens endungslos, d. h. Auslaut auf Konsonant, -ь, -й, -тель	стол, класс, рубль, учитель, трамвай
w.	meistens -а, -я, -ь, -ость	карта, сестра, неделя, дверь, тетрадь, жизнь, новость
s.	-о, -е; -ё, -мя	окно, здание, бельё, имя

Die männlichen Personenbezeichnungen und Vornamen, die auf *-а*, *-я* enden, sind männlich, z. B.: папа, дядя, дедушка, Петя, Вова.
Dekliniert werden sie jedoch wie weibliche Substantive. Bei der Kongruenz mit anderen Satzgliedern wirkt das natürliche Geschlecht: с папой, наш дедушка, Петя сказал.

Im Unterschied zum Deutschen gibt es für viele **russische Berufsbezeichnungen** keine weibliche Form. Die entsprechenden Wörter bezeichnen sowohl die männlichen als auch die weiblichen Personen.
директор *Direktor, Direktorin*   врач *Arzt, Ärztin*   коллега *Kollege, Kollegin*

Hier zeigen dir die anderen Satzglieder das natürliche Geschlecht der Person an.
Врач пришёл к больному. *Der Arzt kam zum Patienten.*
Врач пришла к больному. *Die Ärztin kam zum Patienten.*
Это наша директор. *Das ist unsere Direktorin.*
Она работает юристом. *Sie arbeitet als Anwältin.*

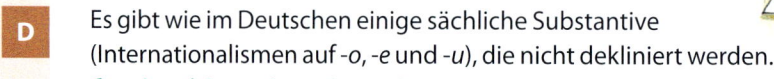

Es gibt wie im Deutschen einige sächliche Substantive (Internationalismen auf *-o, -e* und *-u*), die nicht dekliniert werden.
бюро, кафе, кино, купе, меню, метро, пальто, радио, такси, фэнтези, хобби, шоу

Eine Ausnahme bildet dabei das Wort *кофе*. Es wird auch nicht dekliniert, ist aber männlich: крепкий кофе *starker Kaffee*

Der Numerus

Im Russischen gibt es, wie auch im Deutschen, **Singular** und **Plural**.

Den Plural kannst du bilden, indem du an den Stamm der männlichen und weiblichen Substantive ein *-ы* anhängst. Sächliche Substantive enden auf *-а, -я*.

	m.	w.	s.
Sg.	журна́л *Zeitschrift*	маши́на *Auto*	письмо́ *Brief*
Pl.	журна́лы *Zeitschriften*	маши́ны *Autos*	пи́сьма *Briefe*

Bei Substantiven mit weichem Stammauslaut endet der Nom. Pl. auf *-и* bzw. *–я*.
календа́рь – календари́, дверь – две́ри, зда́ние – зда́ния

Beachte die **Schreibregel**: Nach *г, к, х* steht immer *и*.
кни́га – кни́ги

Zweisilbige sächliche Substantive, die im Nom. Sg. auf der ersten Silbe betont werden, werden im Nom. Pl. auf der zweiten Silbe betont:
Nom. Sg. мо́ре, Gen. Sg. мо́ря, Nom. Pl. моря́

Wie auch im Deutschen werden einige Substantive **nur im Singular** gebraucht.

молодёжь *Jugend*	любо́вь *Liebe*	зо́лото *Gold*
молоко́ *Milch*	пого́да *Wetter*	бельё *Wäsche*
соль *Salz*	здоро́вье *Gesundheit*	карто́фель *Kartoffel*

Nur im Plural verwendet werden z. B.

воро́та *Tor*	часы́ *Uhr*	кани́кулы *Ferien*
но́жницы *Schere*	де́ньги *Geld*	су́тки *Tag und Nacht, 24 Stunden*
очки́ *Brille*	ша́хматы *Schach*	

Belebte und unbelebte Substantive

Bei der Deklination musst du – im Unterschied zum Deutschen – darauf achten, ob es sich um ein **grammatisch belebtes** oder **unbelebtes Substantiv** handelt. Belebt sind alle Personen- und Tierbezeichnungen.
оте́ц *Vater*, дочь *Tochter*, соба́ка *Hund*

Die meisten anderen Substantive gelten als unbelebt.

Die Deklinationsarten

Substantive werden, wie auch im Deutschen, dekliniert. Im Russischen gibt es insgesamt **6 Fälle**. Neben den auch im Deutschen bekannten vier Kasusformen gibt es zwei weitere, deren Endungen du lernen musst - den Instrumental (5. Fall) und den Präpositiv (6. Fall).

Das Substantiv – Имя существительное

Kasus	Frage	
1. Nominativ	Кто? Что?	Wer? Was?
2. Genitiv	Кого? Чего?	Wessen?
3. Dativ	Кому? Чему?	Wem?
4. Akkusativ	Кого? Что?	Wen? Was?
5. Instrumental	Кем? Чем?	Womit? Wodurch?
6. Präpositiv	О ком? О чём?	Über wen? Worüber?

Die russischen Substantive lassen sich in **drei Haupt-Deklinationsarten** einteilen:

I. Deklination	II. Deklination	III. Deklination
männliche Substantive ohne Endung auf harten oder weichen Konsonanten, -ь, -й und sächliche Substantive auf -о, -е, -ё	weibliche Substantive auf -а, -я	weibliche Substantive auf -ь
стол, лагерь, музей; окно, море, бельё	лампа, неделя	тетрадь, дверь

Диалог 1 | DT

Die I. Deklination

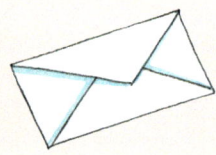

	m.			s.	
Nom.	стол	рубль	друг	письмо	здание
Gen.	стола	рубля	друга	письма	здания
Dat.	столу	рублю	другу	письму	зданию
Akk.	wie Nom., Gen.[1]			письмо	здание
Instr.	столом	рублём[2]	другом	письмом[2]	зданием
Präp.	(о) столе	(о) рубле	(о) друге	(о) письме	(о) здании[3]

1. unbelebt wie Nom., belebt wie Gen. Sg.
   Я встретил своего друга на стадионе. *Ich habe meinen Freund im Stadion getroffen.*
   Он дал мне рубль. *Er gab mir einen Rubel.*
2. nach Zischlauten und ц betont о, unbetont е, z. B. карандашом, месяцем.
3. Endung е, wenn vor der Endung kein и steht, z. B. море – Präp. Sg. (о) море, платье – Präp. Sg. (о) платье

Bei einigen männlichen Substantiven fällt ein zwischen zwei Endkonsonanten stehendes -о- oder -е- in der Deklination aus, z. B.:
немец *Deutscher* – Gen. Sg. немца, Nom. Pl. немцы
день *Tag* – Gen. Sg. дня, Nom. Pl. дни

Einige unbelebte Substantive haben im Präp. Sg.
nach den Präpositionen *в* und *на* die betonte Endung -у́, z. B.
год – в году́,
шкаф – в шкафу́,
лес – в лесу́,
сад – в саду́,
берег – на берегу́

Die II. Deklination

	w.		
Nom.	ла́мпа	неде́ля	фотогра́фия
Gen.	ла́мпы[1]	неде́ли	фотогра́фии
Dat.	ла́мпе	неде́ле	фотогра́фии
Akk.	ла́мпу	неде́лю	фотогра́фию
Instr.	ла́мпой[2]	неде́лей	фотогра́фией
Präp.	(о) ла́мпе	(о) неде́ле	(о) фотогра́фии

1 nach *г, к, х* und Zischlauten steht *и*, z. B. кни́ги, ба́бушки
2 nach Zischlauten und *ц* betont *ó*, unbetont *е*, z. B. с Ма́шей,
   nach weichen Konsonanten betont *ё*, unbotont *е*, z. B. с семьёй, с тётей.

Die III. Deklination

Zur dritten Deklination (*и*-Deklination) gehören **weibliche Substantive**, die auf –ь enden.

	w.			
Nom.	жизнь	любо́вь	мышь	ра́дость
Gen.	жи́зни	любви́	мы́ши	ра́дости
Dat.	жи́зни	любви́	мы́ши	ра́дости
Akk.	жизнь	любо́вь	мышь	ра́дость
Instr.	жи́знью	любо́вью	мы́шью	ра́достью
Präp.	(о) жи́зни	(о) любви́	(о) мы́ши	(о) ра́дости

Nach der III. Deklination werden auch die Grundzahlwörter 5 bis 20, 30 und die Zehner 50–80 (→ 35) dekliniert.

Außerdem gehören zur III. Deklination einige Substantive unterschiedlichen Geschlechts, die **besondere Formen** bilden:

	w.	m.	s.
Nom.	мать[1]	путь	вре́мя
Gen.	ма́тери	пути́	вре́мени
Dat.	ма́тери	пути́	вре́мени
Akk.	мать	путь	вре́мя
Instr.	ма́терью	путём	вре́менем
Präp.	(о) ма́тери	(о) пути́	(о) вре́мени

1 Wie мать wird auch дочь *Tochter* dekliniert

Du darfst die sächlichen Substantive вре́мя *Zeit* und и́мя *Name* nicht mit weiblichen auf *-я* (z. B. семья́) verwechseln.

Die Deklination der Substantive im Plural

Wie im Deutschen kannst du von den meisten Substantiven auch Pluralformen bilden. Dabei musst du beachten, ob die Form im Singular auf einen harten oder weichen Konsonanten auslautet. Ebenso wichtig sind die Schreibregeln nach -*г*, -*к*, -*х* und den Zischlauten (-*ж*, -*ч*, -*ш*, -*щ*) (→ 3). In einigen Fällen kommt es zum Betonungswechsel.

Das Substantiv – Имя существительное | Das Adjektiv – Имя прилагательное

	I. Deklination[1]		II. Deklination	III. Deklination	
	m.	s.	w.	w.	s.
Nom. Sg.	магази́н	сло́во	ко́мната	пло́щадь	и́мя
Nom. Pl.	магази́ны	слова́	ко́мнаты	площади	имена́
Gen. Pl.	магази́нов[2]	слов_[3]	ко́мнат_	площаде́й	имён
Dat. Pl.	магази́нам	слова́м	ко́мнатам	площадя́м	имена́м
Akk. Pl.	wie Nom., Gen.[4]			wie Nom., Gen.	
Instr. Pl.	магази́нами	слова́ми	ко́мнатами	площадя́ми	имена́ми
Präp. Pl.	(о) магази́нах	(о) слова́х	(о) ко́мнатах	(о) площадя́х	(об) имена́х

1 Nach weichen Konsonanten und *г, к, х* steht *и*, nicht *ы*, und *я* statt *а*:
рубли́, неде́ли, кни́ги, па́рки, гаражи́, карандаши́, моря́
2 Nach Zischlauten und weichen Konsonanten *-ей*, z. B. (мно́го) карандаше́й, (де́сять) рубле́й.
3 Häufig wird zwischen die beiden Konsonanten im Stammauslaut ein *о* oder *е* eingeschoben:
окно́ – (мно́го) о́кон, письмо́ – (ма́ло) пи́сем, де́вушка – (не́сколько) де́вушек.
Unregelmäßig gebildet werden мо́ре – море́й, по́ле – поле́й, пла́тье – пла́тьев.
4 unbelebt wie Nom., belebt wie Gen.

Besondere Pluralformen bilden
брат – Nom. Pl. бра́тья,
друг – Nom. Pl. друзья́,
стул – Nom. Pl. сту́лья,
го́род – Nom. Pl. города́, дом – Nom. Pl. дома́.

Die **Pluralendungen im Dat., Instr.** und **Präp.** sind in **allen drei Geschlechtern** gleich, egal, ob es sich um belebte oder unbelebte Substantive handelt.

Es gibt Substantive, die nicht dekliniert werden. Hier stimmen alle Formen im Singular und im Plural überein.

бюро́	кино́	пальто́	спаге́тти (nur Pl.)
кафе́	меню́	фо́то	такси́
ко́фе	метро́	ра́дио	хо́бби

18 Personen- und Berufsbezeichnung

Диалог 2 | 2Б, 2В

Russische Personen- und Berufsbezeichnungen werden häufig von einem Verb, einem Adjektiv oder auch von einem anderen Substantiv abgeleitet und sind mit einem **speziellen Suffix** für die Bezeichnung männlicher oder weiblicher Personen und Berufe versehen. Die häufigsten Suffixe sind: *-ик, -ник, -тель, -ист, -ец, -анец, -ница, -истка, -анка*.

m.	w.	abgeleitetes Substantiv	Ableitungswort
Bezeichnung von Personen nach ihrer Tätigkeit			
-тель	-тельница	писа́**тель**, писа́**тельница**	писа́ть
-ник	-ница	помо́щ**ник**, помо́щ**ница**	по́мощь
-ист	-истка	футбол**и́ст**, футбол**и́стка**	футбо́л
-ец	-щица	продав**е́ц**, продав**щи́ца**	продава́ть
-ик		поли́т**ик** (*m., w.*)	поли́тика
-чик	-чица	расска́з**чик**, расска́з**чица**	расска́з

Bezeichnung von Personen nach ihrer Herkunft			
-ец	-ка	укра́и**нец**, укра́и**нка**	Украи́на
-анец	-анка	америка́**нец**, америка́**нка**	Аме́рика
-чанин	-чанка	англича́**нин**, англича́**нка**	А́нглия

Bei vielen russischen Berufsbezeichnungen kannst du erst an der Kongruenz erkennen, ob es sich um eine männliche oder eine weibliche Person handelt (→ 14).

Das Adjektiv — И́мя прилага́тельное

Диало́г 1| 3A

Zur Wiedergabe von Eigenschaften eines Gegenstandes oder einer Person werden im Russischen – wie auch im Deutschen und Englischen – Adjektive als Attribute verwendet. Das Adjektiv stimmt in Genus, Numerus und Kasus mit dem Substantiv überein, auf das es sich bezieht.

но́вый компью́тер *ein neuer Computer*　　но́вое кафе́ *ein neues Café*
но́вая мышь *eine neue Maus*　　но́вые ро́лики *neue Inliner*

Aufpassen musst du, wenn das Geschlecht im Russischen und Deutschen nicht übereinstimmt.
краси́вый го́род *eine/die schöne Stadt*
краси́вая дере́вня *ein/das schöne(s) Dorf*
краси́вое о́зеро *ein/der schöne(r) See*

Die Deklination der Adjektive

Russische Adjektive können – wie im Deutschen – dekliniert werden. Dabei werden die Endungen an den Wortstamm (z. B. *но́в-*) angefügt.

Диало́г 2| 1Б; DT2

	Singular					
	m.		s.		w.	
Nom.	но́в**ый**[1]	си́**ний**	но́в**ое**	си́**нее**	но́в**ая**	си́**няя**
Gen.	но́в**ого**[2]	си́**него**	но́в**ого**	си́**него**	но́в**ой**	си́**ней**
Dat.	но́в**ому**	си́**нему**	но́в**ому**	си́**нему**	но́в**ой**	си́**ней**
Akk.	но́в**ый**, но́в**ого**	си́**ний**, си́**него**	но́в**ое**, но́в**ого**	си́**нее**, си́**него**	но́в**ую**	си́**нюю**
Instr.	но́в**ым**[3]	си́**ним**	но́в**ым**	си́**ним**	но́в**ой**	си́**ней**
Präp.	(о) но́в**ом**	(о) си́**нем**	(о) но́в**ом**	(о) си́**нем**	(о) но́в**ой**	(о) си́**ней**

1 *-о́й*, wenn die Endung betont ist, z. B.: голубо́й
2 sprich *г* als [в]
3 nach *г, к, х* und Zischlauten *и*, z. B. ру́сский – Instr. Sg. m., s. ру́сским, большо́й – Instr. Sg. m., s. больши́м, Nom. Pl. ру́сские, больши́е:

Nach diesem Muster werden auch die Ordnungszahlen (→ 38), Substantive mit Adjektivendung (z. B. живо́тное), Partizipien mit Adjektivendung (→ 13) und einige Pronomen (→ 27, 28) dekliniert.

Das Adjektiv – Имя прилагательное

 Das Adjektiv *хороший* hat besondere Deklinationsformen. Die männliche und die sächliche Form (*хороший, хорошее*) werden wie *синий* dekliniert. Der Akk. Sg. der weiblichen Form (*хорошая*) lautet хорош**ую**.
Endet der Wortstamm auf einen weichen Konsonanten (z. B. *син'*-), verändern sich die Vokale der Adjektivendung wie folgt: *ы > и, о > е, а > я, у > ю* (→ 2).
летний вечер, летняя погода, летнее время, летние каникулы

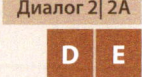
Im Plural gibt es – wie im Deutschen und Englischen – nur eine Deklination für alle Geschlechter. Man muss aber auch hier zwischen hartem Stammauslaut (+ -*ые*) und weichem Stammauslaut (+ -*ие*) unterscheiden.

	Plural	
Nom.	новые	синие
Gen.	новых	синих
Dat.	новым	синим
Akk.	новые, новых[1]	синие, синих[1]
Instr.	новыми	синими
Präp.	(о) новых	(о) синих

[1] unbelebt wie Nom. belebt wie Gen.

20 Die Lang- und Kurzform der Adjektive

Диалог 3| 2A
D

Wie im Deutschen haben auch zahlreiche Adjektive im Russischen eine Langform und eine Kurzform. Die Kurzform richtet sich in Genus und Numerus nach dem Geschlecht des Subjekts. Dabei werden die entsprechenden Endungen an den Adjektivstamm angefügt.
Die Kurzformen des Adjektivs werden nicht dekliniert.

Наш город всегда красив.
Unsere Stadt ist immer schön.
Утром река была особенно красива.
Morgens war der Fluss besonders schön.
Зимой горы будут особенно красивы.
Im Winter werden die Berge besonders schön sein.

	Sg.			Pl.
	m.	s.	w.	
Langform	красивый	красивое	красивая	красивые
Kurzform	красив_	красиво	красива	красивы

Die **Langformen** kannst du als Attribut und als Prädikat verwenden:
Attribut: Борис талантливый актёр. *Boris ist ein talentierter Schauspieler.*
Prädikat: Он талантливый. *Er ist talentiert.*

Die **Kurzformen** können – wie im Deutschen – <u>nur</u> als Prädikat verwendet werden.
Он умён. *Er ist klug.*
Bei einigen männlichen Kurzformen ist bei Doppelkonsonanten im Stammauslaut ein Vokaleinschub (-*о*- oder -*е*-, -*ё*-) vor dem Endkonsonanten notwendig.
умный: умён, умна, умны

Vor allem bei den weiblichen Kurzformen treten häufig Betonungswechsel auf, z. B.
но́вый: нов, нова́, но́во, но́вы
чи́стый: чист, чиста́, чи́сто, чисты́

Kurzformen werden gebraucht, wenn *э́то* oder *вы* als Subjekt steht.
Э́то интере́сно. *Das ist interessant.*

Beachten musst du die besonderen Kurzformen von *большо́й* und *ма́ленький*, die von anderen Wortstämmen abgeleitet werden.
большо́й: вели́к, велика́, велико́, велики́
ма́ленький: мал, мала́, мало́, малы́

Kurzformen werden auch gebraucht, um das **Übermaß einer Eigenschaft** auszudrücken (deutsche Wiedergabe mit *zu, allzu* …), z. B.

Блу́зка мне мала́.
Die Bluse ist mir zu klein.

Джи́нсы ему́ ко́ротки.
Die Jeans sind ihm zu kurz.

Э́та кварти́ра для нас велика́.
Die Wohnung ist für uns zu groß.

Das Übermaß kann auch mit dem Adverb *сли́шком* ausgedrückt werden, das sowohl mit der Kurz- als auch mit der Langform des Adjektivs verbunden werden kann.
Блу́зка сли́шком коротка́. *Die Bluse ist zu kurz.*
Блу́зка сли́шком коро́ткая. *Die Bluse ist zu kurz.*

Die Steigerung der Adjektive und Adverbien

Ebenso wie im Deutschen und Englischen kann auch im Russischen von **Adjektiven**, die eine Qualität bezeichnen, und durch die von ihnen abgeleiteten **Adverbien** der **Komparativ** (Vergleichsstufe, Mehrstufe) und der **Superlativ** (Höchststufe, Meiststufe) gebildet werden.
Bei der Bildung der Steigerungsformen im Russischen unterscheidet man deklinierte und nicht deklinierte Formen.

	Adjektive	
	Nicht deklinierte Kurzformen	Deklinierte Langformen
Positiv	интере́сен	интере́сный
Komparativ	интере́снее	бо́лее интере́сный
Superlativ	интере́снее всего́ (всех)	са́мый интере́сный, интере́снейший

21

Диало́г 3 | 3A

D E

Das Adjektiv – Имя прилага́тельное | Das Adverb – Наре́чие

Диалог 3| 3A

Die Bildung des Komparativs

Den **einfachen Komparativ** (Kurzform) der Adjektive und auch der Adverbien kannst du mit dem Adjektivstamm und der unveränderlichen Endung -ee bilden. Die Betonung richtet sich dabei in der Regel nach der weiblichen Kurzform.

Adjektiv	Adverb	Komparativ	deutsche Bedeutung
интере́сный	интере́сно	интере́снее	*interessanter*
краси́вый	краси́во	краси́вее	*schöner*
бы́стрый	бы́стро	быстре́е	*schneller*
приле́жный	приле́жно	приле́жнее	*fleißiger*

Einige Adjektive und Adverbien bilden **unregelmäßige Komparativformen**:

Adjektiv	Adverb	Komparativ	deutsche Bedeutung
большо́й	мно́го	бо́льше	*größer, mehr*
высо́кий	высоко́	вы́ше	*höher, größer*
ма́ленький	ма́ло	ме́ньше	*kleiner, weniger*
плохо́й	пло́хо	ху́же	*schlechter*
хоро́ший	хорошо́	лу́чше	*besser*

Диалог 3| 3A

Den **zusammengesetzten Komparativ** (Langform) bildest du, indem du die unveränderliche Wörter *бо́лее* (für die Verstärkung des Merkmals) oder *ме́нее* (für die Abschwächung des Merkmals) vor die Grundstufe des Adjektivs setzt.

Positiv	Komparativ	deutsche Bedeutung
спорти́вная фигу́ра	**бо́лее** спорти́вная фигу́ра	*eine sportlichere Figur*
краси́вая кварти́ра	**бо́лее** краси́вая кварти́ра	*eine schönere Wohnung*
откры́тый челове́к	**ме́нее** откры́тый челове́к	*ein weniger aufgeschlossener Mensch*
гостеприи́мные се́мьи	**бо́лее** гостеприи́мные се́мьи	*gastfreundlichere Familien*

Диалог 3| 3A

als beim Komparativ

Für das deutsche *als* beim Komparativ gibt es im Russischen zwei Varianten:

1. mit *чем*
Ха́рд-рок интере́снее, чем хип-хоп. *Hard Rock ist interessanter als Hip-Hop.*
Чем kann auch einen Nebensatz einleiten.
Мне (бу́дет) интере́снее обща́ться с Тоби́асом, чем с мои́м бра́том.
Ich finde es interessanter, mich mit Tobias zu unterhalten als mit meinem Bruder.

Vor Nebensätzen mit *чем* steht immer ein Komma.

2. mit dem Gen. des Vergleichswortes
Во́лга длинне́е Днепра́.
Die Wolga ist länger als der Dnepr.
Наве́рно, он спорти́внее меня́.
Sicherlich ist er sportlicher als ich.

Die Bildung des Superlativs

Den Superlativ kannst du auf **drei Arten** bilden:

1. mit einer Form von *са́мый* oder *наибо́лее* (*наиме́нее*) vor dem Positiv des Adjektivs (zusammengesetzter Superlativ):

Adjektiv	Superlativ mit *са́мый, наибо́лее*	deutsche Bedeutung
интере́сный	«7б» – э́то **са́мая интере́сная** рок-гру́ппа.	*Die interessanteste Rock-Gruppe ist „7b".*
дли́нный	Во́лга – **са́мая дли́нная** река́ Евро́пы.	*Die Wolga ist der längste Fluss Europas.*
ва́жный	Э́то **наибо́лее (наиме́нее) ва́жный** вопро́с.	*Das ist die wichtigste (unwichtigste) Frage.*

Са́мый stimmt in Genus, Kasus und Numerus immer mit dem Adjektiv überein.

2. mit der einfachen Komparativform + *всего́* oder *всех* (zusammengesetzter Superlativ):

Adjektiv	Superlativ mit *всего́, всех*	deutsche Bedeutung
краси́вый	Э́то **краси́вее всего́**.	*Das ist am schönsten.*
большо́й, *Adv.* мно́го	**Бо́льше всего́** мы лю́бим ката́ться на скейтбо́рде.	*Am liebsten fahren wir Skateboard.*
хоро́ший	Ма́ртин **лу́чше всех** говори́т по-ру́сски.	*Martin spricht am besten Russisch.*

3. mit Hilfe des Suffixes –*ейш*– oder –*айш*–[1] (einfacher Superlativ):
Diese Form drückt sowohl den höchsten Grad eines Merkmals, als auch (nur) einen sehr hohen Grad aus.

Adjektiv	einfacher Superlativ	deutsche Bedeutung
интере́сный	интере́сн**ейш**ий	*der interessanteste* oder *ein äußerst interessanter*
си́льный	сильн**е́йш**ий	*der stärkste* oder *ein sehr starker*
вели́кий	вели**ча́йш**ий	*der größte* oder *ein überaus großer*

[1] mit Konsonantenwechsel im Auslaut des Adjektivstammes, z. B. *к* zu *ч*: вели́кий – велича́йший; глубо́кий – глубоча́йший

Das Adverb — Наре́чие

Adverbien (Umstandswörter) **benennen nähere Umstände einer Handlung** oder die **Intensität** eines Merkmals. Sie sind unveränderlich.
Wie auch im Englischen werden russische Adverbien oft von Adjektiven abgeleitet, an deren Wortstamm ein -*о* angefügt wird.
This is a beautiful song. — He sings beautifully. Э́то краси́вая пе́сня. – Он поёт краси́во.

Wie im Deutschen und Englischen ist es unerheblich, ob eine oder mehrere Personen etwas tut bzw. tun.
Он поёт краси́во. Они́ пою́т краси́во.

Im Gegensatz zum Deutschen und Englischen ist die Stellung im Satz nicht festgelegt.
Du kannst sagen Он поёт краси́во. oder Он краси́во поёт.

Das Adverb – Наре́чие | Das Pronomen – Местоиме́ние

22 Adverbien des Ortes, der Zeit, der Art und Weise

Nach ihrer Bedeutung unterscheidet man

	Adverbien des Ortes		Adverbien der Zeit	Adverbien der Art und Weise (von Adj. abgeleitet)
Frageadverbien	где?	куда́?	когда́?	как?
	сле́ва, спра́ва	нале́во, напра́во	сейча́с, пото́м, всегда́, иногда́, сего́дня, вчера́, за́втра	хорошо́, пло́хо, пра́вильно, интере́сно
	здесь, там	сюда́, туда́	у́тром, днём, зимо́й, о́сенью	по-ру́сски, по-неме́цки

23 Unbestimmte Adverbien

Unbestimmte Adverbien werden von Frageadverbien abgeleitet. Dazu hängst du an das Frageadverb die Endung *-нибудь* (mit Bindestrich) an. Unbestimmte Adverbien werden im Russischen wie im Deutschen verwendet, **wenn der Sprecher die Umstände der Handlung nicht kennt**, z. B.

где́-нибудь *irgendwo*   когда́-нибудь *irgendwann*
куда́-нибудь *irgendwohin*   ка́к-нибудь *irgendwie*

Пое́дем куда́-нибудь.
Lasst uns irgendwohin fahren.
Где́-нибудь у мо́ря бу́дем отдыха́ть.
Wir werden uns irgendwo am Meer erholen.

24 Negativadverbien

Ebenfalls von den Frageadverbien abgeleitet sind die Negativadverbien.
Du bildest sie aus dem Präfix *ни-* und dem angehängten Frageadverb.

нигде́ *nirgends*   никогда́ *niemals, nie*
никуда́ *nirgendwohin*   ника́к *auf keine Art und Weise, überhaupt nicht*

In einem Satz, der ein Negativadverb enthält, musst du das Prädikat zusätzlich mit *не* verneinen. Man nennt das die **doppelte Verneinung**.

Мы ле́том никуда́ не пое́дем.   *Wir fahren im Sommer nirgendwo hin.*

Das Pronomen – Местоиме́ние

Pronomen **benennen keine Personen oder Gegenstände** (wie das Substantiv), ein Merkmal (wie das Adjektiv) oder eine Anzahl (wie das Zahlwort), **sondern sie ersetzen diese im Satz**.

Das Personalpronomen

25

	Sg.	Pl.
1. Pers.	я *ich*	мы *wir*
2. Pers.	ты *du*	вы *ihr*, Вы *Sie (Höflichkeitsform)*
3. Pers.	он, она́, оно́ *er, sie, es*	они́ *sie*

Personalpronomen werden im Russischen – wie auch im Deutschen – **dekliniert**. Hierbei treten häufig ähnliche Formen auf, besonders bei *я* und *ты* sowie bei *мы* und *вы*.

Диалог 2| 1Б, DT3

D

	Sg.			Pl.		
	1. Pers.	2. Pers.	3. Pers.	1. Pers.	2. Pers.	3. Pers.
Nom.	я	ты	он оно́ она́	мы	вы	они́
Gen.	меня́	тебя́	(н)его́[1,2] (н)её	нас	вас	(н)их
Dat.	мне[3]	тебе́	(н)ему́ (н)ей[2]	нам	вам	(н)им[2]
Akk.	меня́	тебя́	(н)его́[1,2] (н)её	нас	вас	(н)их[2]
Instr.	(со) мной[3]	(с) тобо́й	(с) ним (с) ней	(с) на́ми	(с) ва́ми	(с) ни́ми
Präp.	(обо) мне[3]	(о) тебе́	(о) нём (о) ней	(о) нас	(о) вас	(о) них

1 sprich *г* wie [в]
2 Nach Präpositionen wird in der 3. Pers. Sg. und Pl. ein *н-* eingefügt, z. B. к нему́, у них, с ней.
3 Bei Präpositionen, die auf einen Konsonanten enden, wird zur Ausspracheerleichterung vor *мне* und *мной* ein *-о* (*-бо*) eingeschoben: ко мне, со мной, обо мне.

Die deklinierten Formen von *он*, *оно́* und *они́* ähneln denen der Adjektive (→ 20).

TIPP!

Die höfliche Anrede mit *Sie* kannst du mit *Вы* ausdrücken. In Briefen schreibt man dies – wie im Deutschen *Sie* – groß.

Das Possessivpronomen

26

Mit den Possessivpronomen kannst du **ausdrücken, dass Personen, Gegenstände oder Tiere zu jmdm. gehören**. Genau wie im Deutschen hängt die Form von Genus und Numerus des jeweiligen Substantivs ab.

Диалог 1| 1A

	Sg.	Pl.
1. Pers.	мой *mein*	наш *unser*
2. Pers.	твой *dein*	ваш *euer*, *Ihr (Höflichkeitsform)*
3. Pers.	его́ *sein (m.,s.)*, её *ihr*	их *ihr*

Das Pronomen – Местоимéние

Диалог 2| 2А, 3Б, DT 4

Possessivpronomen werden wie **Adjektive mit weichem Stammauslaut dekliniert.**

	Sg.			Pl.
	m.	s.	w.	
Nom.	мой	моё	моя	мои
Gen.	моего[1]		моей	моих
Dat.	моему		моей	моим
Akk.	мой, моего[2]	моё	мою	мои, моих[2]
Instr.	моим		моей	моими
Präp.	(о) моём		(о) моей	(о) моих

1 sprich г wie [в]
2 unbelebt wie Nom., belebt wie Gen.

TIPP! Wie *мой* kannst du auch *твой* (*твоя, твоё, твои*) deklinieren.

Die Possessivpronomen *наш* (*ваш*), *нáша* (*вáша*), *нáше* (*вáше*), *нáши* (*вáши*) drücken die Zugehörigkeit zu etwas oder jemanden, bezogen auf **mehrere Personen** (*unser, euer* bzw. *Ihr* – Höflichkeitsform), aus.

	Sg.			Pl.
	m.	s.	w.	
Nom.	наш	наше	наша	наши
Gen.	нашего[1]		нашей	наших
Dat.	нашему		нашей	нашим
Akk.	наш, нашего[2]	наше	нашу	наши, наших[2]
Instr.	нашим		нашей	нашими
Präp.	(о) нашем		(о) нашей	(о) наших

1 sprich г wie [в]
2 unbelebt wie Nom., belebt wie Gen.

TIPP! Wie *наш* kannst du auch *ваш* (*вáша, вáше; вáши*) deklinieren.

Диалог 3| 3А

Die Possessivpronomen *егó, её, их*

Die Possessivpronomen *егó, её, их* beziehen sich auf die **3. Person**:
- егó[1] *sein(e)* auf eine männliche Person, die etwas besitzt,
- её *ihr(e)* auf eine weibliche Person, die etwas besitzt,
- их *ihr(e)* auf mehrere Personen, denen etwas gehört.

[1] *егó* wird auch bei sächlichen Substantiven verwendet.

Это семья Тобиаса.	Это егó семья.	Das ist seine Familie. (= die Familie von Tobias)
Это письмо мáмы.	Это её письмо.	Das ist ihr Brief. (= der Brief gehört der Mutter)
Это фóто мáмы и пáпы.	Это их фóто.	Das ist ihr Foto. (= das Foto gehört den Eltern)

Die Possessivpronomen der 3. Pers. *егó* (sein, m.), *её* (ihr, w.) und *их* (ihr, Pl.) brauchst du nicht zu deklinieren. Sie sind unveränderlich.

Der Gebrauch von *свой*

Im Russischen gibt es – anders als im Deutschen oder Englischen – ein **reflexives Possessivpronomen** – *свой*. Auch *свой* drückt einen Besitz oder die Zugehörigkeit von Personen, Tieren und Sachen aus. Im Gegensatz zu *егó, её, их* wird *свой* dekliniert – und zwar nach dem Deklinationsmuster von *мой* und *твой*.

	Sg.			Pl.
	m.	s.	w.	
Nom.[1]	свой	своё	своя	свои
Gen.	своего[2]		своей	своих
Dat.	своему		своей	своим
Akk.	свой, своего[2,3]	своё	свою	свои, своих[3]
Instr.	своим		своей	своими
Präp.	(о) своём		(о) своей	(о) своих

[1] Als Reflexivpronomen kann *свой* eigentlich nicht im Nom. stehen. Manchmal übernimmt es aber die Rolle eines Adjektivs in der Bedeutung von *eigen, vertraut, besonderer* und tritt dann auch im Nom. auf, z. B.: Он свой человéк. *Er ist einer von uns.*
[2] sprich *г* wie [в]
[3] unbelebt wie Nom., belebt wie Gen.

Свой wird für alle Personen des Sg. und Pl. verwendet. Es bezieht sich immer auf das Subjekt desselben Satzes.

Für die **1.** und **2. Pers.** kann es durch *mein, dein, unser* oder *euer (Ihr)* wiedergegeben werden. Anstelle von *свой* kannst du auch *мой* und *твой* bzw. *наш* und *ваш* verwenden.

Я говорю́ со свои́м (с мои́м) дру́гом. *Ich spreche mit meinem Freund.*
Ты говори́шь со свои́м (с твои́м) дру́гом. *Du sprichst mit deinem Freund.*
Мы говори́м со свои́м (с на́шим) дру́гом. *Wir sprechen mit unserem Freund.*
Вы говори́те со свои́м (с ва́шим) дру́гом. *Ihr sprecht/Sie sprechen mit eurem/Ihrem Freund.*

! Willst du einen Besitz oder eine Zugehörigkeit einer **3. Pers.** ausdrücken, musst du unbedingt *свой* verwenden.
Тоби́ас расска́зывает о свое́й семье́.
Tobias erzählt über seine (eigene) Familie.
Ка́тя лю́бит свою́ ба́бушку.
Katja liebt ihre (eigene) Großmutter.
Де́душка ви́дит свои́х вну́ков ка́ждый день.
Der Großvater sieht seine (eigenen) Enkel jeden Tag.

Wird in diesen Sätzen *егó, её* und *их* verwendet, dann entsteht ein ganz anderer Sinn.
Тоби́ас расска́зывает о его́ семье́.
= Тоби́ас расска́зывает о семье́ И́горя.
Tobias spricht über die Familie einer anderen männlichen Person.
Ка́тя лю́бит её ба́бушку.
= Ка́тя лю́бит ба́бушку Та́ни.
Katja mag die Großmutter einer anderen weiblichen Person.
Де́душка ви́дит их вну́ков.
= Де́душка ви́дит вну́ков Ивано́вых.
Der Großvater sieht die Enkel von anderen Personen.

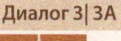

Das Pronomen – Местоимéние

27 Das Fragepronomen

Im Russischen gibt es die Fragepronomen *кто* (wer), *что* (was), *какóй, какáя, какóе, какúе* (welcher, welche, welches, welche; was für ein(e)), *котóрый, котóрая, котóрое, котóрые* (welcher, welche, welches; der (die, das) wievielte), *скóлько* (wie viel), *чей, чья, чьё, чьи* (wessen).

Die Deklination der Fragepronomen *кто* und *что*

Диалог 2| 1В, 3В, DT5

Кто und *что* kannst du – außer im Nom. und Akk. – wie die Adjektive deklinieren (→ 20). Genau wie im Deutschen ist oft eine Präposition erforderlich, z. B.

D

С кем ты разговáривал? *Mit wem* hast du dich unterhalten?

	кто	что
Nom.	К**то** живёт в Калýге?	Ч**то** э́то?
Gen.	У к**огó** есть брат?	Ч**егó** ты желáешь мáме?
Dat.	К к**омý** ты идёшь?	К ч**емý** вы готóвитесь в кружкé?
Akk.	К**огó** фотографúрует Áня?	Ч**то** ты лю́бишь есть?
Instr.	С к**ем** разговáривает Свéта?	С ч**ем** вы поздрáвили бáбушку?
Präp.	О к**ом** говоря́т Нáстя и Áня?	О ч**ём** вы говорúте?

Die Deklination der Fragepronomen *какóй, какóе, какáя, какúе*

Диалог 2| 1Б

Das Pronomen *какóй* (*какáя, какóе*) wird ebenso dekliniert wie die Adjektive (→ 20).

	Sg.			Pl.
	m.	s.	w.	
Nom.	как**óй**	как**óе**	как**áя**	как**úе**
Gen.	как**óго**[1]		как**óй**	как**úх**
Dat.	как**óму**		как**óй**	как**úм**
Akk.	как**óй**, как**óго**[2]	как**óе**	как**ýю**	как**úе**, как**úх**[2]
Instr.	как**úм**		как**óй**	как**úми**
Präp.	(о) как**óм**		(о) как**óй**	(о) как**úх**

[1] sprich *г* wie [в]
[2] unbelebt wie Nom., belebt wie Gen.

Das Fragepronomen *чей*

Диалог 3| 1А

Mit dem Fragepronomen *чей?* (wessen?) (m.), *чья?* (w.), *чьё?* (s.), *чьи?* (Pl.) wird nach dem **Besitzer** bzw. nach der Zugehörigkeit von Personen, Tieren und Sachen gefragt. Im Unterschied zum Deutschen und Englischen richtet sich das russische Fragepronomen in Genus, Kasus und Numerus nach dem Substantiv, das das Objekt bezeichnet, welches jemand besitzt.

D **E**

Чей э́то мобúльник?
Wessen Handy ist das? / Wem gehört das Handy?

Чья э́то кнúга?
Wessen Buch ist das? / Wem gehört das Buch?

Чьё э́то мéсто? *Wessen Platz ist das? / Wem gehört der Platz?*

Чьи дúски там лежáт? *Wessen CDs liegen da? / Wem gehören die CDs?*

Чья э́то кнúга?

Diese Fragepronomen werden wie die Adjektive mit weichem Stammauslaut dekliniert (→ 20). Die deklinierten Formen werden aber relativ selten verwendet.
О чьих пе́снях вы говори́ли? *Über wessen Lieder habt ihr gesprochen?*
Чью пе́сню ты слу́шала? *Wessen Lied hast du gehört?*

Das Relativpronomen *кото́рый*

28

Диало́г 3 | 4A

D | E

Wie im Deutschen oder Englischen verweist das Relativpronomen im Russischen auf ein **vorheriges Wort** oder eine vorherige **Wortgruppe** und **erläutert diese näher**.
Dabei leitet es einen Nebensatz ein, den so genannten Relativsatz.
Diese Funktion übernimmt im Russischen das Relativpronomen *кото́рый*.
Es richtet sich in Genus und Numerus nach dem Substantiv, auf das es sich bezieht.

Жéнщина, кото́рая там стои́т, тре́нер на́шей волейбо́льной кома́нды.

Мы нашли́ компа́кт-диск, кото́рый хоте́ли купи́ть.
Wir haben die CD gefunden, die wir kaufen wollten.
Же́нщина, кото́рая там стои́т, тре́нер на́шей волейбо́льной кома́нды.
Die Frau, die dort steht, ist die Trainerin unserer Volleyballmannschaft.
Дире́ктор зна́ет всех ученико́в, кото́рые у́чатся в на́шей шко́ле.
Der Direktor kennt alle Schüler, die in unserer Schule lernen.

Кото́рый wird wie ein Adjektiv (→ 20) dekliniert.

	Sg.			Pl.
	m.	s.	w.	
Nom.	кото́рый	кото́рое	кото́рая	кото́рые
Gen.	кото́рого		кото́рой	кото́рых
Dat.	кото́рому		кото́рой	кото́рым
Akk.	кото́рый, кото́рого[2]	кото́рое	кото́рую	кото́рые, кото́рых[2]
Instr.	кото́рым		кото́рой	кото́рыми
Präp.	(о) кото́ром		(о) кото́рой	(о) кото́рых

1 sprich *г* wie [в]
2 unbelebt wie Nom., belebt wie Gen.

Der Kasus richtet sich – wie im Deutschen – nach dem Verb oder der Präposition im Relativsatz.
Э́то Бори́с, с кото́рым я ча́сто игра́ю в ша́хматы. *Das ist Boris, mit dem ich oft Schach spiele.*
У́лица, на кото́рой мы живём, шу́мная. *Die Straße, in der wir wohnen, ist laut.*

Auch die Fragepronomen *кто, что, како́й, чей, ско́лько* (→ 27) können wie im Deutschen als Relativpronomen auftreten.

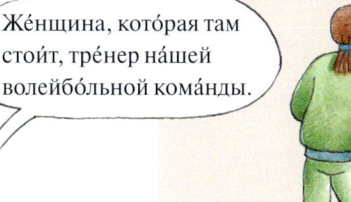

Das Pronomen – Местоиме́ние

29 Die Demonstrativpronomen э́тот, тот, тако́й

Диалог 1| 3Г

Wenn du betonen willst, dass du einen **bestimmten Gegenstand** meinst, kannst du im Russischen die Demonstrativpronomen *э́тот* (dieser), *тот* (der, jener), *тако́й* (solch ein, ein solcher) verwenden. Die Endung des Demonstrativpronomens hängt von Genus und Numerus des jeweiligen Substantivs ab.

m.	w.	s.	Pl.
э́тот компью́тер	э́та шко́ла	э́то письмо́	э́ти сувени́ры

Die Deklination von э́тот

	Sg.			Pl.
	m.	s.	m.	
Nom.	э́тот	э́то	э́та	э́ти
Gen.	э́того[1]		э́той	э́тих
Dat.	э́тому		э́той	э́тим
Akk.	э́тот, э́того[2]	э́то	э́ту	э́ти, э́тих[2]
Instr.	э́тим		э́той	э́тими
Präp.	(об) э́том		(об) э́той	(об) э́тих

1 sprich з wie [в]
2 unbelebt wie Nom., belebt wie Gen.

TIPP! Wie *э́тот* wird auch *тот* dekliniert.
Das Pronomen *тако́й* wird wie ein Adjektiv dekliniert (→ 20).

30 Die Negativpronomen

Диалог 3| 1А

D

Die Verneinung kannst du im Russischen wie im Deutschen auch mit Hilfe von Negativpronomen (z. B. *niemand*, *nichts*) und Negativadverbien (→ 24) bilden. Anders als im Deutschen werden die Negativpronomen von den **Fragepronomen** *кто*, *что*, *како́й* abgeleitet und wie diese dekliniert.

	кто?	что?	како́й?	како́е?	кака́я?	каки́е?
Nom.	никто́	ничто́	никако́й	никако́е	никака́я	никаки́е
Gen.	никого́[1]	ничего́[1]	никако́го[1]		никако́й	никаки́х
Dat.	никому́	ничему́	никако́му		никако́й	никаки́м
Akk.	никого́	ничто́	никако́й, никако́го[2]	никако́е	никаку́ю	никаки́е, никаки́х[2]
Instr.	ни с кем	ни с чем	никаки́м		никако́й	никаки́ми
Präp.	ни о ком	ни о чём	ни о како́м		ни о како́й	ни о каки́х

1 sprich з wie [в]
2 unbelebt wie Nom., belebt wie Gen.

TIPP! Wird das Negativpronomen mit einer Präposition verbunden, so wird diese dazwischen geschoben, wobei alle Bestandteile getrennt geschrieben werden.

ни у кого́ *bei niemandem*   ни с кем *mit niemandem*
ни о чём *über nichts*

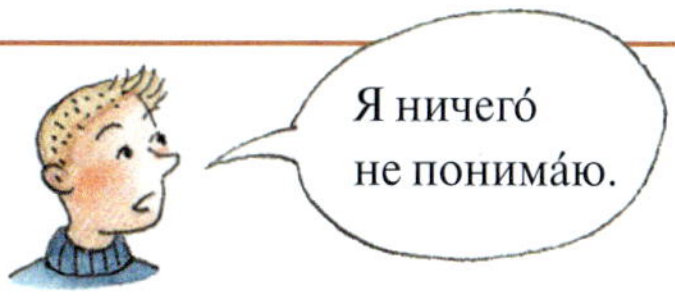

Я ничего́ не понима́ю.

Anders als im Deutschen musst du im russischen Satz das Prädikat zusätzlich durch *не* verneinen, d. h. die Verneinung wird verstärkt (**doppelte Verneinung**) und diese führt im Unterschied zum Deutschen und Englischen <u>nicht</u> zu einer Bejahung.
Никто́ не сде́лал уро́ки. *Niemand hat Hausaufgaben gemacht.*
Я ничего́ не понима́ю. *Ich verstehe nichts.*
Он никаки́е фру́кты не лю́бит. *Er mag gar keine/keinerlei Früchte (kein Obst).*

Die bestimmenden Pronomen *весь* und *ка́ждый*

Die bestimmenden Pronomen *весь* (*вся*, *всё*; *все* – ganz, *Pl.* alle) und *ка́ждый* (*ка́ждая*, *ка́ждое* – jeder, jede, jedes) können sowohl adjektivisch als auch substantivisch verwendet werden.

	Sg.			Pl.
	m.	s.	w.	
Nom.	весь	всё	вся	все
Gen.	всего́[1]		всей	всех
Dat.	всему́		всей	всем
Akk.	весь, всего́[2]	всё	всю	все, всех[2]
Instr.	всем		всей	все́ми
Präp.	(обо) всём		(обо) всей	(обо) всех

1 sprich *г* wie [в]
2 unbelebt wie Nom., belebt wie Gen.

TIPP! *ка́ждый* (*ка́ждая*, *ка́ждое*) wird wie ein Adjektiv dekliniert (→ 20).

Die unbestimmten Pronomen

Wie im Deutschen stehen unbestimmte Pronomen für **Personen oder Sachen, die nach Art und Anzahl nicht näher bestimmt werden**. Sie werden im Russischen von den Fragewörtern *кто* und *что* abgeleitet. An diese hängst du einfach die Endung *-нибудь* an (mit Bindestrich).
кто́-нибудь *(irgend)jemand*
что́-нибудь *(irgend)etwas*
Unbestimmte Pronomen werden wie die Fragepronomen (→ 27) dekliniert.

Nom.	кто́-нибудь	что́-нибудь
Gen.	кого́-нибудь	чего́-нибудь
Dat.	кому́-нибудь	чему́-нибудь
Akk.	кого́-нибудь	что́-нибудь
Instr.	кем-нибудь	чем-нибудь
Präp.	(о) ком-нибудь	(о) чём-нибудь

Андре́й хо́чет пое́хать к кому́-нибудь в го́сти. *Andrej möchte irgend jemanden besuchen.*

Das Pronomen – Местоиме́ние | Das Zahlwort – Числи́тельное

33 Das Personalpronomen друг дру́га

Диалог 4 | 6A

Das Personalpronomen *друг дру́га* verfügt nicht über eine Nominativform.
Es wird dekliniert, indem der zweite Teil verändert wird. Präpositionen werden zwischen die Teile geschoben.

	Deklination	Bsp. mit Präposition	deutsche Bedeutung
Nom.	---		---
Gen.	друг дру́га	друг у дру́га	*beieinander*
Dat.	друг дру́гу	друг к дру́гу	*zueinander*
Akk.	друг дру́га	друг за дру́га	*füreinander*
Instr.	друг дру́гом	друг с дру́гом	*miteinander*
Präp.	друг о дру́ге		*voneinander/übereinander*

34 Das Pronomen себя́

Себя́ ist ein rückbezügliches Pronomen. Du kannst es mit allen Personen verwenden. Es wird im Singular und Plural gleich dekliniert.

Nom.	---
Gen.	себя́
Dat.	себе́
Akk.	себя́
Instr.	собо́й
Präp.	(о) себе́

Он мно́го говори́т о себе́. *Er spricht viel über sich (selbst).*

Das Zahlwort – Числи́тельное

Das Zahlwort drückt in Verbindung mit Substantiven **eine Anzahl von Gegenständen** aus.

Grundzahlwörter bezeichnen **die genaue Anzahl** von Gegenständen.
Im Russischen werden sie – anders als im Deutschen und Englischen – dekliniert.
Die Deklination der einzelnen Grundzahlwörter unterscheidet sich.

D E

35 Die Grundzahlen

Die Deklination von 0 und 1

Ноль (oder *нуль*) wird wie ein männliches Substantiv der **I. Deklination** (→ 18) gebeugt.

Nom.	Gen.	Dat.	Akk.	Instr.	Präp.
ноль	ноля́	нолю́	ноль	нолём	(о) ноле́

Substantive mit dem Zahlwort *ноль* stehen immer im **Genitiv Plural**.
Термо́метр пока́зывает ноль гра́дусов. *Das Thermometer zeigt null Grad.*

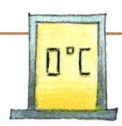

Оди́н (m.), одна́ (w.), одно́ (s.) und одни́ (Pl.) kannst du wie *э́тот*, *э́та*, *э́то* und *э́ти* (→ 29) deklinieren, die Betonung liegt immer auf der letzten Silbe:

Диалог 3| 4A

	Sg.			Pl.
	m.	s.	w.	
Nom.	оди́н	одно́	одна́	одни́
Gen.	одного́[1]		одно́й	одни́х
Dat.	одному́		одно́й	одни́м
Akk.	оди́н, одного́[1,2]	одно́	одну́	одни́, одни́х[2]
Instr.	одни́м		одно́й	одни́ми
Präp.	(об) одно́м		одно́й	(об) одни́х

1 sprich *г* wie [в]
2 unbelebt wie Nom., belebt wie Gen.

Оди́н, *одна́*, *одно́* und *одни́* bedeutet nur dann *ein*, *eine*, *eines*, wenn es eine Menge bezeichnet, nicht jedoch den unbestimmten Artikel *ein*. Sie stimmen in Genus, Numerus und Kasus mit dem entsprechenden Substantiv überein.

Одни́ hat nur in Verbindung mit Substantiven, die nur im Plural vorkommen, Zahlwortbedeutung.
одни́ очки́ *eine Brille*
одни́ воро́та *ein Tor*

Die Deklination von 2, 3, 4

Диалог 3| 4A

Nom.	два (m., s.)	две (w.)	три	четы́ре
Gen.	дву́х		трёх	четырёх
Dat.	дву́м		трём	четырём
Akk.	два, дву́х[1]	две	три, трёх[1]	четы́ре, четырёх[1]
Instr.	двумя́		тремя́	четырьмя́
Präp.	(о) дву́х		(о) трёх	(о) четырёх

1 unbelebt wie Nom., belebt wie Gen.

Die Deklination von 5-20 und 30

Диалог 3| 4A

Das Grundzahlwort *пять* kannst du wie die Substantive der **III. Deklination** (→ 18) beugen.

Nom.	Gen.	Dat.	Akk.	Instr.	Präp.
пять	пяти́	пяти́	пять	пятью́	(о) пяти́

Wie 5 werden alle Zahlen von 5–20 und die 30 dekliniert.

Bei den deklinierten Formen von 5–10, 20 und 30 liegt die Betonung auf dem Ende, bei 11–19 auf dem Wortstamm.

TIPP!

Das Zahlwort – Числительное

Диалог 3 | 4A

Die Deklination von 40, 90 und 100

Diese Zahlen haben in allen Kasusformen außer im Nom. und Akk. die Endung -*a*.

Nom.	со́рок	девяно́сто	сто
Gen.	сорока́	девяно́ста	ста
Dat.	сорока́	девяно́ста	ста
Akk.	со́рок	девяно́сто	сто
Instr.	сорока́	девяно́ста	ста
Präp.	сорока́	девяно́ста	ста

Диалог 3 | 4A

Die Deklination von 50, 60, 70 und 80

Die Zahlen auf -*десят* werden in <u>beiden</u> Bestandteilen wie Substantive der **III. Deklination** (→ 18) dekliniert.

Nom.	пятьдеся́т	шестьдеся́т	се́мьдесят	во́семьдесят
Gen.	пяти́десяти	шести́десяти	семи́десяти	восьми́десяти
Dat.	пяти́десяти	шести́десяти	семи́десяти	восьми́десяти
Akk.	пятьдеся́т	шестьдеся́т	се́мьдесят	во́семьдесят
Instr.	пятью́десятью	шестью́десятью	семью́десятью	восьмью́десятью
Präp.	пяти́десяти	шести́десяти	семи́десяти	восьми́десяти

Диалог 3 | 4A

Die Deklination der Hunderter (200, 300, …, 900)

Sie werden in beiden Bestandteilen dekliniert, die Betonung liegt auf dem Stamm des zweiten Bestandteils.

Nom.	две́сти	три́ста	пятьсо́т
Gen.	двухсо́т	трёхсо́т	пятисо́т
Dat.	двумста́м	трёмста́м	пятиста́м
Akk.	две́сти	три́ста	пятьсо́т
Instr.	двумяста́ми	тремяста́ми	пятьюста́ми
Präp.	(о) двухста́х	(о) трёхста́х	(о) пятиста́х

Wie 500 werden auch 600, 700, 800 und 900 dekliniert.

Диалог 3 | 4A

Die Deklination von 1 000, 1 000 000 …

Ты́сяча, *миллио́н* und *миллиа́рд* werden wie **Substantive der I. und II. Deklination** dekliniert (→ 18). *Ты́сяча* wie ein weibliches, *миллио́н* und *миллиа́рд* wie ein männliches Substantiv.

Nom.	ты́сяча	миллио́н	миллиа́рд
Gen.	ты́сячи	миллио́на	миллиа́рда
Dat.	ты́сяче	миллио́ну	миллиа́рду
Akk.	ты́сячу	миллио́н	миллиа́рд
Instr.	ты́сячей	миллио́ном	миллиа́рдом
Präp.	ты́сяче	миллио́не	миллиа́рде

Rektion der Zahlen

36

Zahlenangaben von 1–4

Диалог 1| 1В

Nach 1 oder 1 als letzte Ziffer in zusammengesetzten Zahlen (z. B. 51) steht der **Nom. Sg.** des Substantivs. Nach 2, 3 und 4 oder 2, 3, 4 als letzte Ziffer in zusammengesetzten Zahlen folgt der **Gen. Sg.**

оди́н брат, два (три, четы́ре) бра́т*а* *ein Bruder, zwei (drei, vier) Brüder*
одна́ сестра́, две (три, четы́ре) сестр*ы́* *eine Schwester, zwei (drei, vier) Schwestern*
одно́ окно́, два (три, четы́ре) окн*а́* *ein Fenster, zwei (drei, vier) Fenster*

Wird die Wortgruppe *Grundzahlwort + Substantiv* dekliniert, dann stimmen beide Teile in Kasus und Numerus überein.
Nom. два пи́сьма́, Gen. дв*у́х* пи́с*ем*, Präp. о дв*у́х* пи́сь*мах*

Zahlenangaben von 5–20

Диалог 1| 2Б

Nach den Zahlen, deren letzte Ziffer 5–20 lautet, musst du den **Gen. Pl.** verwenden.

пять (де́сять, пятна́дцать) дом*о́в* *fünf (zehn, fünfzehn) Häuser*
во́семь (двена́дцать, два́дцать) о́кон_ *acht (zwölf, zwanzig) Fenster*
шесть (де́вять, трина́дцать) ламп_ *sechs (neun, dreizehn) Lampen*

Zahlenangaben über 20

Диалог 1| 2Б

D E

Mehrgliedrige Zahlwörter werden – im Unterschied zum Deutschen, aber wie im Englischen – in der Reihenfolge **Zehner – Einer** gebildet. Sie werden getrennt geschrieben.

21 – два́дцать оди́н	53 – пятьдеся́т четы́ре	127 – сто два́дцать семь
32 – три́дцать два	105 – сто пять	
43 – со́рок три	116 – сто шестна́дцать	

Bei mehrgliedrigen Zahlwörtern wird jedes einzelne Zahlwort dekliniert.
Nom. сто два́дцать семь, Gen. ст*а* двадцат*и́* сем*и́*

Unbestimmte Mengenangaben

37

Диалог 2| 5В

Unbestimmte Mengenangaben kannst du mit den unveränderlichen Wörtern мно́го (viel), ма́ло (wenig) oder не́сколько (einige) machen. Sie treten immer in Verbindung mit Substantiven (und Adjektiven) auf, die dann im **Gen. Pl.** stehen.

мно́го (ма́ло) журна́л*ов* *viele (wenige) Zeitschriften*
не́сколько ученик*о́в* *einige Schüler*

TIPP!

Beachte, dass im Gen. Pl. russischer Substantive je nach Geschlecht unterschiedliche Endungen auftreten, während die Adjektivendungen immer gleich sind.
В Ирку́тске не́сколько интере́сн*ых* музе́*ев*.
In Irkutsk gibt es einige interessante Museen.
В Центра́льной Росси́и мно́го краси́в*ых* дереве́нь.
In Zentralrussland gibt es viele schöne Dörfer.
В Росси́и мно́го уника́льн*ых* мест.
In Russland gibt es viele einmalige Orte.

Das Zahlwort – Числительное

TIPP! Beachte die besonderen Formen семья – Gen. Pl. семей, идея – Gen. Pl. идей, копейка – Gen. Pl. копеек, друг – Gen. Pl. друзей

Ungefähre Zahlenangaben kannst du ausdrücken
1. wenn du die **Zahl nach dem Substantiv** nennst, z. B.:
минут десять *etwa 10 Minuten*
минут через десять *in etwa 10 Minuten*

2. wenn du *приблизительно* oder *примерно* + Nom. verwendest.
приблизительно десять минут *etwa 10 Minuten*

3. mit *около* + Gen.
около десяти минут *etwa 10 Minuten*

38 Die Ordnungszahlen

Диалог 2 | 2A

Ordnungszahlwörter verweisen auf **einen Platz innerhalb einer Reihe** gleicher Gegenstände. Sie werden in der Regel vom Stamm der Grundzahlwörter abgeleitet (Ausnahmen sind *первый*, *второй* und *седьмой*).

1. первый	11. одиннадцатый	100. сотый
2. второй	12. двенадцатый	200. двухсотый
3. третий	13. тринадцатый	…
4. четвёртый	…	1000. тысячный
5. пятый	20. двадцатый	2000. двухтысячный
6. шестой	30. тридцатый	
7. седьмой	40. сороковой	
8. восьмой	50. пятидесятый	
9. девятый	…	
10. десятый		

Ordnungszahlwörter stimmen mit ihrem Bezugswort in Genus, Numerus und Kasus überein und werden wie Adjektive dekliniert (→ 20).

пятый класс   пятая школа   пятое место
в пятом классе   в пятой школе   на пятом месте

In **zusammengesetzten Ordnungszahlen** nimmt nur das letzte Wort die Form einer Ordnungszahl an.

двадца*тая* школа   *aber*   двадцать шест*ая* школа
(eingliedrige Ordnungszahl)   (Grundzahl) (Ordnungszahl)

D **E** Die russischen Ordnungszahlen werden – so wie im Englischen – in der Reihenfolge **Zehner – Einer** gesprochen.
Als Ziffern geschrieben steht wie im Englischen – aber anders als im Deutschen – kein Punkt. Oft wird die Endung aber angedeutet.
15-й автобус, 8-я маршрутка, учиться в 7-м классе

TIPP! D Ordnungszahlwörter werden im Russischen häufiger verwendet als im Deutschen, z. B. bei der Angabe des **Datums**, der **Jahreszahl** und der **Uhrzeit** (→ 39).

Zeitangaben

Die Tageszeit, die Jahreszeit

Zum Ausdrücken von Tageszeiten und Jahreszeiten musst du den **Instrumental** verwenden:

у́тром *am Morgen*
днём *tagsüber, am Tage*
ве́чером *am Abend*

весно́й *im Frühling*
ле́том *im Sommer*
о́сенью *im Herbst*
зимо́й *im Winter*

Die Wochentage

Auf die Frage *Когда́? В како́й день?* bzw. *В каки́е дни?* verwendest du in der Antwort die Präposition *в* + *Akk*.

понеде́льник – в понеде́льник
вто́рник – во вто́рник
среда́ – в сре́ду
четве́рг – в четве́рг

пя́тница – в пя́тницу
суббо́та – в суббо́ту
воскресе́нье – в воскресе́нье

Beachte, dass bei *вто́рник* zwischen Präposition und Wochentag ein *o* eingeschoben wird: во вто́рник.

TIPP!

Willst du ausdrücken, dass etwas immer stattfindet oder sich **regelmäßig wiederholt**, musst du die Präposition *по* + *Dat*. und den Wochentag im Pl. verwenden.

по понеде́льникам *montags*
по воскресе́ньям *sonntags*

Die Monate

Willst du ausdrücken, in welchem Monat (*Когда́? В како́м ме́сяце?*) etwas geschieht, verwendest du die Präposition *в* + *Präp*.

янва́рь – в январе́
февра́ль – в феврале́
март – в ма́рте
апре́ль – в апре́ле

май – в ма́е
ию́нь – в ию́не
ию́ль – в ию́ле
а́вгуст – в а́вгусте

сентя́брь – в сентябре́
октя́брь – в октябре́
ноя́брь – в ноябре́
дека́брь – в декабре́

Das Datum

Auf die Frage nach dem Datum *Како́е сего́дня число́?* (Der wievielte ist heute?) antwortest du mit dem **Nom. des Ordnungszahlwortes** in der sächlichen Form (wegen *число́*) und dem **Gen. des Monatsnamens**.

Сего́дня пе́рвое апре́ля. *Heute ist der 1. April (der 1. des Monats April).*

Auf die Frage *Когда́? Како́го числа́?* (Wann? An welchem Tag?) stehen Ordnungszahl + Monatsname im Gen. Dabei verwendest du – im Unterschied zum Deutschen und Englischen – keine Präposition.

второ́го ма́я *am 2. Mai (am 2. des Monats Mai)*

Die dem Datum folgende Jahreszahl steht immer im Gen.

Сего́дня пе́рвое апре́ля две ты́сячи оди́ннадцатого го́да. *Heute ist der 1. April 2011.*

Das Zahlwort – Числи́тельное | Die Präposition – Предло́г

Диалог 2 | 3A
D | E

Die Jahresangabe

Bei der Jahresangabe verwendest du – im Gegensatz zum Deutschen und Englischen – die **Ordnungszahl und eine Form von** *год*, die in Genus, Numerus und Kasus übereinstimmen. Auf die Frage *В како́м году́?* (In welchem Jahr?) antwortest du mit *в* + Ordnungszahl + *году́*.

Како́й год? две ты́сячи деся́тый год *das Jahr 2010*
В како́м году́? в две ты́сячи деся́том году́ *im Jahr 2010*
в ты́сяча девятьсо́т девяно́сто шесто́м году́ *im Jahr 1996*

TIPP! Beachte в э́т**ом** году́ *in diesem Jahr*, aber в э́т**от** день *an diesem Tag*

Диалог 1 | C4
D

Die Altersangabe

Im Unterschied zum Deutschen steht auf die Frage *Ско́лько тебе́ (Вам) лет?* (Wie alt bist du (sind Sie)?) die **Person**, deren Alter angegeben wird, im **Dat.** und die **Altersangabe im Nom.**

А́ня, ско́лько тебе́ лет? *Anja, wie alt bist du?*
Ско́лько Вам лет? *Wie alt sind Sie?*
Ма́льчику год. *Der Junge ist ein Jahr alt.*
Мое́й сестре́ два́дцать два го́да.
Meine Schwester ist 22 Jahre alt.
Мне двена́дцать лет.
Ich bin zwölf Jahre alt.

А́ня, ско́лько тебе́ лет?
Мне двена́дцать лет.

TIPP! Beachte die richtige Form für *Jahr(e)*: 1 год, 2, 3, 4 го́да, 5–20 лет.

Für Altersangaben im Präteritum kannst du das unveränderliche *бы́ло*, im Futur *бу́дет* nutzen.
В про́шлом году́ мое́й сестре́ бы́ло два́дцать оди́н год.
Im vergangenen Jahr war meine Schwester 21 Jahre alt.

Ungefähre Altersangaben kannst du machen, wenn du das Zahlwort nach *год*, *го́да* oder *лет* stellst.
Ей лет два́дцать. *Sie ist etwa zwanzig Jahre alt.*
Ему́ бы́ло лет во́семьдесят. *Er war ungefähr achtzig Jahre alt.*

Диалог 1 | 2Б

Die Uhrzeit

Die Frage nach der Uhrzeit *Кото́рый час? Ско́лько (сейча́с) вре́мени?* (Wie spät ist es?) kannst du im Russischen auf **zwei Arten** beantworten.

Bei der **genauen Angabe der Uhrzeit** werden die Stunden- und die Minutenzahl aneinander gereiht.
Сейча́с ро́вно 1 час. *Es ist jetzt genau 1 Uhr.*
Сейча́с 9 часо́в 5 мину́т. *Es ist jetzt 9.05 Uhr.*

Auf die Frage *Когда́?* (Wann?) folgt in der Antwort *в* + Akk.
Когда́ ты де́лаешь уро́ки? – В 4 час**а́**.
Wann machst du Hausaufgaben? — Um 4 Uhr.

Im Alltag wird eine **umgangssprachliche Uhrzeitangabe** bevorzugt.
In der **ersten Stundenhälfte** nennt man die Minutenzahl, die vergangen ist.
Die Stunde wird als Ordnungszahl in der männlichen Genitivform angegeben:
(в) де́сять мину́т второ́го *(um) zehn Minuten nach eins*

In der **zweiten Stundenhälfte** nennt man die Minutenzahl, die bis zur vollen Stunde fehlt, mit *без* + Gen., die Stunde wird durch das Grundzahlwort im Nom. wiedergegeben.
без десяти́ де́вять *zehn (Minuten) vor neun*

Viertel nach wird durch *че́тверть* + Gen., **halb** durch *полови́на* + Gen.,
Viertel vor durch *без че́тверти* + Nom. wiedergegeben.
(в) че́тверть оди́ннадцатого *(um) Viertel nach zehn, Viertel elf*
в полови́не тре́тьего (полтре́тьего) *um halb drei*
полови́на тре́тьего (полтре́тьего) *Es ist halb drei.*
без че́тверти де́сять *(um) Viertel vor zehn*

Die Präposition – Предло́г

Präpositionen (Verhältniswörter) **fordern ein Substantiv** (oder ein Pronomen) **in einem bestimmten Fall**, sind aber selbst unveränderlich. Die meisten Präpositionen bestehen **aus einem Wort**. Es gibt jedoch auch **mehrgliedrige** Präpositionen. Diese bestehen aus zwei oder mehr Wörtern.

Einige Präpositionen können zwei oder sogar drei Fälle nach sich ziehen.

Wichtige russische Präpositionen

Präposition	deutsche Bedeutung	Beispiele
Genitiv		
без	ohne	Прочита́йте текст **без** словаря́.
в ви́де	als, in der Form/in der Gestalt eines (einer) …	Информа́ция предста́влена **в ви́де** табли́цы.
вдоль	entlang	Доро́га прохо́дит **вдоль** бе́рега.
вме́сто	statt, anstatt, an Stelle	Он пое́дет в Москву́ **вме́сто** Ни́ны. **Вме́сто** шко́лы здесь постро́ят супермаркет.
вокру́г	um (… herum)	Мы гуля́ли **вокру́г** о́зера.
для	für	Он купи́л цветы́ **для** подру́ги.
до	*Ort*: bis *Zeit*: bis	Как мне дойти́ **до** вокза́ла? Ле́на жда́ла **до** конца́ фи́льма.
из	*Ort*: aus von	Он **из** Москвы́. Оле́г вы́шел **из** авто́буса. Мно́гие **из** нас лю́бят спорт.
из-за	*Grund*: wegen	**Из-за** дождя́ мы не могли́ игра́ть в футбо́л.
кро́ме	außer	На вечери́нке бы́ли все, **кро́ме** Ни́ны.
напро́тив	gegenüber	Шко́ла нахо́дится **напро́тив** па́рка.

Die Präposition – Предлог

около	*Ort*: an, neben *Maß*: ungefähr	Этот магазин находится **около** музе**я**. Отсюда до озера **около** пят**и** километров.
от	*Ort*: von (… weg) *Herkunft*: von *Zweck*: gegen	Она живёт недалеко **от** Екатеринбург**а**. Я получил письмо **от** Свет**ы**. Эти таблетки **от** грипп**а**.
после	*Zeit*: nach	**После** обед**а** мы встретились в спортзале.
против	gegen	Нам надо бороться **против** загрязнени**я** природы.
с(о)	*Ort*: von (… herunter) *Zeit*: ab, seit von … bis (*Uhr*)	**С** балкон**а** открывается чудесный вид на город. **Со** следу**его** год**а** российские школьники будут изучать новый предмет. Уже **с** детств**а** он интересуется техникой. Музей работает **с** десят**и** часов утра до шести часов вечера.
среди	unter, inmitten	Английский язык является самым популярным иностранным языком **среди** школьник**ов**.
у	*Ort*: an, neben bei *jmd.* hat *etw. oder jmdn.*	Встретимся **у** ресторан**а**. Вчера она была **у** врач**а**. Какие **у** в**ас** планы на каникулы?
Dativ		
благодаря	dank, infolge	**Благодаря** родител**ям** я знаю немецкий и английский язык**и**.
к(о)	(hin) zu	Прошу всех **к** стол**у**! Перестройка привела **к** распад**у** СССР. Я еду **к** сво**ей** сестр**е** в Екатеринбург. Результаты опроса мы получим **к** конц**у** этой недели. Ты можешь прийти **ко** мне?
по	*Ort*: durch, entlang in *Zeit*: an von (*Beruf*) nach	Девушки ходили **по** магазин**ам**. **По** хими**и** у меня нехорошие отметки. Мы тренируемся **по** вторник**ам**. Кто он **по** професси**и**? Мы сдаём экзамены **по** выбор**у**.
Akkusativ		
в(о)	*Ort*: nach *Zeit*: an (*Wochentag*) *Zeit*: um in, pro	Туристы приехали **в** Москв**у**. **Во** вт**о**рник у меня день рождения. Она встаёт **в** семь час**ов**. Он занимается в фитнес-центре три раза **в** недел**ю**.
за	*Grund*: für *Zeit*: innerhalb für	Спасибо **за** открытк**у**. Ученики организовали литературный вечер **за** два дн**я**. Они выступали **за** охран**у** окружающей среды.

на	Ort: auf, Richtung: in für (Zeit, Termin, Zweck)	Ты куда́? – **На** стадио́н.
		Мы е́здили **на** неде́л**ю** в Со́чи.
		Мы купи́ли биле́ты **на** суббо́т**у**.
		Мой однокла́ссник зарабо́тал де́ньги **на** пое́здк**у**.
	Unterschied: Komp. zum (z. B. Frühstück) zu (zur, zum) (Ausbildung, Lehre) an (Studium, Ausbildung, beginnen)	Мой брат **на** три го́да моло́**же** меня́.
		Что ты обы́чно ешь **на** за́втрак?
		Мой брат у́чится **на** врач**а́**.
		Ю́лия поступи́ла **на** факульте́т журнали́стики.
по	Zeit: bis (einschließlich)	С перво́го **по** пя́т**ое** ма́я у нас бу́дут го́сти из Сама́ры.
под(о)	zu (Musikinstrument), mit (Musikinstrument)-Begleitung	Они́ пе́ли пе́сни **под** гита́р**у**.
		Фигури́сты ката́ются **под** класси́ческ**ую** му́зык**у**.
че́рез	Zeit: in	Я око́нчу шко́лу **че́рез** год.

Instrumental

за	Ort: hinter Abfolge: nach Zweck (in Verbindung mit Verben der Fortbewegung): um etw. zu holen	**За** собо́р**ом** краси́вый парк.
		Шаг **за** ша́г**ом** ситуа́ция станови́лась ху́же.
		Ма́ма пошла́ в магази́н **за** са́хар**ом**.
ме́жду	Ort/Zeit: zwischen	Музе́й нахо́дится **ме́жду** по́чт**ой** и библиоте́к**ой**.
		Встре́тимся **ме́жду** пят**ью́** и шест**ью́** час**а́ми**.
над(о)	Ort: über	**Над** дива́н**ом** виси́т по́стер.
		Все смея́лись **надо** мн**ой**.
пе́ред(о)	Ort: vor Zeit: vor	Кре́сло стои́т **пе́ред** окн**о́м**.
		Пе́ред за́втрак**ом** он де́лает заря́дку.
под(о)	unter	Де́ти сиде́ли **под** де́рев**ом**.
с(о)	mit	На́ша кварти́ра **с** балко́н**ом**.
		Я перепи́сываюсь **со** Све́т**ой** по электро́нной по́чте.

Präpositiv

в	Ort/Zeit: in Kleidung: in	Он живёт **в** ма́леньк**ой** дере́вн**е**.
		В а́вгуст**е** у нас кани́кулы.
		Он лю́бит ходи́ть **в** джи́нс**ах**.
на	Ort: auf, in Zeit: in mit (Transportmittel) mit (Geld verdienen)	Мы отдыха́ем **на** краси́в**ом** о́стров**е**.
		На про́шл**ой** неде́л**е** мы бы́ли в теа́тре.
		Я обы́чно е́зжу в шко́лу **на** велосипе́д**е**.
		На иску́сств**е** де́нег не зарабо́таешь.
о	über	Мы до́лго говори́ли **о** но́в**ом** фи́льм**е** молодо́го режиссёра.
при	bei	**При** Петр**е́** Пе́рв**ом** в Росси́и бы́ло проведено́ мно́го рефо́рм.

Die Konjunktion | Modale Beziehungen

Die Konjunktion

41

Диалог 3| 2A
E

Die Konjunktionen *когда́* und *е́сли*

Im Russischen werden – wie im Englischen – zur Wiedergabe der deutschen Konjunktion *wenn* unterschiedliche Konjunktionen verwendet.

Temporalsätze (Adverbialsätze der Zeit zur Wiedergabe einer realen Handlung in der Gegenwart, Vergangenheit oder Zukunft) werden mit *когда́* (vgl. Englisch *when*) eingeleitet (→ 52).

Когда́ де́душка рабо́тает в саду́,
Макси́м ему́ всегда́ помога́ет.
*Wenn der Großvater im Garten arbeitet,
hilft Maxim ihm immer.*

Konditionalsätze (Adverbialsätze der Bedingung zur Wiedergabe einer möglichen, aber noch nicht vollzogenen Handlung) werden mit *е́сли* (vgl. Englisch *if*) eingeleitet (→ 54).

Е́сли за́втра бу́дет хоро́шая пого́да, вся семья́ бу́дет рабо́тать в саду́.
Wenn morgen gutes Wetter ist, wird die gesamte Familie im Garten arbeiten.

Modale Beziehungen

42

Диалог 2| 4B
D

Erlaubnis, Möglichkeit oder Verbot

Willst du ausdrücken, dass man etwas **tun darf** oder **tun kann**, verwendest du *мо́жно*. Wie im Deutschen folgt im Russischen danach der Infinitiv des Verbs.

Здесь мо́жно игра́ть в футбо́л? – Да, мо́жно.
Darf man hier Fußball spielen? Ja, man darf.
На стадио́не мо́жно игра́ть в футбо́л.
Im Stadion kann man Fußball spielen.
Зимо́й мо́жно ката́ться на лы́жах.
Im Winter kann man Ski laufen.

Soll ausgedrückt werden, dass man etwas **nicht tun darf** – also ein Verbot ausgesprochen werden – wird *нельзя́* verwendet.

На уро́ке нельзя́ жева́ть жва́чку.
Im Unterricht darf man keinen Kaugummi kauen.
На уро́ке нельзя́ звони́ть по моби́льнику.
Im Unterricht darf man nicht mit dem Handy telefonieren.

Die Person, die etwas (nicht) tun darf oder kann, steht im **Dativ**.
Нам нельзя́ жева́ть жва́чку. *Wir dürfen keinen Kaugummi kauen.*

(Speech bubbles: Здесь мо́жно игра́ть в футбо́л? / Да, мо́жно.)

können – nicht können

43

Für das deutsche Modalverb *können* gibt es im Russischen zwei unterschiedliche Verben: *мочь*, die Möglichkeit haben, etwas zu tun und *уметь*, die Fähigkeit besitzen, etwas zu tun.

Диалог 2| 4А

Eine objektive Möglichkeit drückst du mit einer Form von *смочь/мочь* und einem Infinitiv (meist des vollendeten Verbs) aus. Die Verneinung wird mit *не* ausgedrückt.

Кто мо́жет показа́ть нам го́род?

Я (не) могу́ Вам помо́чь.
Ich kann Ihnen (nicht) helfen.
Кто мо́жет показа́ть нам го́род?
Wer kann uns die Stadt zeigen?

(**Nicht**) **können** im Sinne von (**nicht**) **in der Lage sein**, (**nicht**) **die Fähigkeit haben** kannst du mit (*не*) *уметь* und einem Infinitiv eines v. oder uv. Verbs bzw. (*не*) *суметь* und dem Infinitiv eines vollendeten Verbs ausdrücken.

Я не уме́ю игра́ть в ша́хматы.   *Ich kann nicht Schach spielen.*
                                   (Ich habe es nicht gelernt.)

müssen – sollen

44

Willst du **ausdrücken, dass etwas getan werden muss** bzw. etwas **notwendig ist**, verwendest du *нужно* oder *надо* (ugs.) mit Infinitiv.
Anders als im Deutschen steht die **Person**, die etwas (nicht) tun muss, im **Dat**.

Диалог 2| 4В

D

Вади́му ну́жно де́лать уро́ки.   *Vadim muss Hausaufgaben machen.*
У Ви́ктора боли́т нога́. Ему́ на́до идти́   *Viktor tut das Bein weh. Er muss ins Krankenhaus*
в больни́цу.   *gehen.*
Де́душка На́сти боле́ет. Ей ну́жно помога́ть *Nastjas Großvater ist krank. Sie muss ihm helfen.*
ему́.
В суббо́ту бу́дет конце́рт на стадио́не. Мне *Am Samstag findet ein Konzert im Stadion statt.*
на́до купи́ть биле́ты.   *Ich muss Karten kaufen.*

Im Präteritum und Futur musst du vor dem Infinitiv des Verbs noch eine Verbform von *быть* einschieben.

Диалог 2| 5Б

На́сте ну́жно (на́до) бы́ло написа́ть име́йл Анто́ну.
Nastja musste eine E-Mail an Anton schreiben.

Willst du **eine (moralische) Verpflichtung** oder eine **unbedingte Notwendigkeit** ausdrücken, verwendest du *до́лжен, должна́, должно́, должны́* mit Infinitiv. Die **Person**, die etwas tun muss, steht im **Nom**. Die Formen von *до́лжен* stimmen mit dem Satzsubjekt in Genus und Numerus überein. Im Präteritum und Futur musst du vor dem Infinitiv des Verbs noch eine Form von *быть* einschieben.

Modale Beziehungen | Syntax

	Präsens	Präteritum	Futur	
кто?	(не) до́лжен	(не) до́лжен был	(не) до́лжен бу́дет	+ Infinitiv
	(не) должна́	(не) должна́ была́	(не) должна́ бу́дет	
	(не) должно́	(не) должно́ бы́ло	(не) должно́ бу́дет	
	(не) должны́	(не) должны́ бы́ли	(не) должны́ бу́дут	

Ты должна́ немно́го подожда́ть. *Du musst ein wenig warten.*

45 wollen – möchten

Möchtest du **die Absicht oder einen nachdrücklichen Wunsch** ausdrücken, hast du im Russischen **zwei Möglichkeiten**: mit einer Form von *хоте́ть* mit Infinitiv, dabei steht die **Person** im **Nom.**, oder du verwendest die unpersönliche Form *хо́чется* mit Infinitiv, dabei musst du die Person(en) in den **Dat**. setzen.

Хоти́те ещё ча́шку ко́фе? *Möchten Sie noch eine Tasse Kaffee?*
Нам хо́чется посмотре́ть мю́зикл *Wir wollen uns das Musical „König der Löwen"*
«Коро́ль лев». *ansehen.*

46 haben – nicht haben

Диалог 1| 1В, 3Б

Im Russischen wird *haben* (besitzen, vorhanden sein) gewöhnlich durch **у** und **Gen.** der besitzenden Person + *есть* und dem **Objekt** (der **Person**) **im Nom.** wiedergegeben.
У меня́ есть сестра́. *Ich habe eine Schwester.*
У Ни́ны есть соба́ка. *Nina hat einen Hund.*

Wenn du eine **konkrete Anzahl** oder bestimmte **Eigenschaften** hervorheben willst, kannst du *есть* weglassen.
У нас маши́на и две соба́ки. *Wir haben ein Auto und zwei Hunde.*
У меня́ больша́я ко́мната. *Ich habe ein großes Zimmer.*

Диалог 1| 1В, 3Б

Nicht haben (nicht vorhanden sein) kannst du mit **у** und **Gen.** der **Person** + *нет* und dem **Objekt** (der **Person**) **im Gen.** ausdrücken.
У А́нны нет соба́ки. *Anna hat keinen Hund.*
У меня́ нет сестры́ (нет бра́та). *Ich habe keine Schwester (keinen Bruder).*
У Бори́са нет компью́тера. *Boris hat keinen Computer.*

47 Besitzverhältnisse, Zugehörigkeit

Диалог 1| 1В

Die Zugehörigkeit von Personen, Gegenständen oder Tieren zu bestimmten Personen kannst du mit einem **Genitivattribut** (Bezugswort) ausdrücken.
компью́тер па́пы, ма́ма И́ры *Papas Computer, Iras Mutter*

D E

Der Name des Besitzers folgt - anders als im Deutschen und im Englischen – nach dem Bezugswort („dem Besitz"), das im Nominativ steht.
соба́ка Ни́ны *Ninas Hund; Nina's dog*

Syntax

Unbestimmt-persönliche Sätze

48

Диалог 2| 3Б

In unbestimmt-persönlichen Sätzen steht das Verb in der **3. Pers. Pl**.
Im Deutschen steht in solchen Fällen *man*.

D

В газе́тах пи́шут о шко́лах в Росси́и. *In den Zeitungen schreibt man über Schulen in Russland.*

Здесь продаю́т сувени́ры. *Hier verkauft man Souvenirs. Oder: Hier werden Souvenirs verkauft.*

Unpersönliche Sätze

49

Диалог 4| 1A

Das Prädikat eines unpersönlichen Satzes bezeichnet eine Handlung oder einen Zustand **unabhängig von einem Urheber der Handlung**. Es wird durch eine unpersönlich gebrauchte Verbform in der **3. Pers. Sg**. (Präsens/Futur) und in der **neutralen Form des Präteritums** ausgedrückt.

Зимо́й ра́но темне́ет. *Im Winter wird es schnell dunkel.*
Света́ет. (Свет́ало.) *Es wird hell. (Es wurde hell.)*
В го́роде (бу́дет) интере́сно. *In der Stadt ist es interessant (wird es interessant sein).*

Aussagen mit **wollen, müssen, nicht dürfen** und **gelingen** werden durch reflexible Verben der 3. Pers. Sg. in Verbindung mit einem Infinitiv ausgedrückt. Die Person steht im Dativ.

Мне хо́чется учи́ть языки́. *Ich möchte Sprachen lernen.*
Ему́ удало́сь поговори́ть с президе́нтом. *Es gelang ihm, mit dem Präsidenten zu sprechen.*
Здесь запреща́ется кури́ть. *Es ist verboten, hier zu rauchen.*

Der Infinitivsatz

50

Диалог 4| 1A

Im Infinitivsatz gibt es einen von keinem anderen Wort abhängigen Infinitiv.
Die **handelnde Person** steht im **Dat**.

Как мне попа́сть в центр го́рода? *Wie komme ich ins Stadtzentrum?*
Здесь не пройти́. *Hier darf/kann man nicht durchlaufen.*

Zustandssätze

51

Диалог 4| 1A

Durch einen subjektlosen Satz mit einem **prädikativen Adverb** (im Präteritum mit *бы́ло*, im Futur mit *бу́дет*) kannst du einen Zustand ausdrücken. Die **Person** musst du dabei in den **Dat**. setzen.

Мне хо́лодно. *Mir ist kalt.*
Ему́ бу́дет ску́чно. *Ihm wird langweilig sein.*
Ему́ бы́ло интере́сно. *Für ihn war es interessant.*

Syntax

52 Der Temporalsatz

Диалог 3| 2A — E

Der Temporalsatz (Adverbialsatz der Zeit) dient der Wiedergabe des zeitlichen Verhältnisses zwischen Haupt- und Nebensatz. Er wird im Russischen mit *когда́* (vgl. Englisch *when*) eingeleitet.
Willst du ausdrücken, dass etwas **gleichzeitig** passiert (*als*, *während*, *wenn*), musst du in beiden Satzteilen den **unvollendeten Aspekt** (→ 7) verwenden.

Когда́ Ю́ля мо́ет посу́ду, Алёша и Ди́ма игра́ют в футбо́л.	*Während Julja abwäscht, spielen Aljoscha und Dima Fußball.*

Wenn die Handlung des Nebensatzes **vor** der des Hauptsatzes ablief (*als*, *nachdem*), stehen beide Verben im **vollendeten Aspekt**.

Когда́ ко́нчился дождь, мы пошли́ домо́й.	*Als der Regen aufgehört hatte, gingen wir nach Hause.*

Wenn **während des Ablaufs der Handlung des Hauptsatzes** (unvollendeter Aspekt) eine **zeitlich begrenzte Handlung des Nebensatzes** hinzukommt, steht diese im vollendeten Aspekt.

Когда́ они́ е́хали (*uv.*) в авто́бусе, неожи́данно пошёл (*v.*) дождь.	*Als sie mit dem Bus fuhren, fing es plötzlich an zu regnen.*

53 Der Kausalsatz

Диалог 2| 5A — D

Der Kausalsatz drückt – wie auch im Deutschen – die Ursache, den Grund für das im Hauptsatz Gesagte aus. Er wird durch die Konjunktion (Bindewort) *потому́ что* eingeleitet.

Ле́на оста́нется в Москве́, потому́ что к ней в го́сти прие́дет Ли́нда.	*Lena bleibt in Moskau, weil Linda zu ihr zu Besuch kommt.*

TIPP! — E Die Konjunktion *потому́ что* steht – wie im Englischen *because* – nie am Satzanfang.

54 Der Konditionalsatz

Диалог 3| 2A — E

Der Konditionalsatz drückt eine reale oder nicht reale Bedingung für eine im Hauptsatz genannte Handlung aus.
Willst du eine **mögliche, aber noch nicht vollzogene Handlung** benennen, leitest du den Satz mit *е́сли* (vgl. Englisch *if*) ein.

Е́сли в суббо́ту бу́дет свети́ть со́лнце, я приду́ к тебе́ в го́сти.	*Wenn am Samstag die Sonne scheint, komme ich zu dir zu Besuch.*

Ist die im Nebensatz genannte Bedingung **irreal, d. h. nicht oder nicht mehr erfüllbar**, so musst du in beiden Teilsätzen den **Konjunktiv** (→ 9) verwenden, und zwar im Hauptsatz als Vergangenheitsform des Verbs mit *бы*, und im Nebensatz mit *е́сли бы* und der Vergangenheitsform des Verbs.

Éсли бы я достáл билéты,   *Wenn ich Karten bekommen hätte,*
мы пошлú бы в теáтр.   *wären wir ins Theater gegangen.*
Я пошёл (пошлá) бы на экскýрсию,   *Ich würde einen Ausflug machen, wenn schönes*
éсли бы былá хорóшая погóда.   *Wetter wäre. Oder: Ich hätte einen Ausflug gemacht,*
     wenn schönes Wetter gewesen wäre.

Wie im Deutschen kannst du im Russischen sowohl den Nebensatz, als auch den Hauptsatz zuerst nennen.

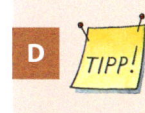

Der Objektsatz

Der Objektsatz ergänzt das Prädikat des Hauptsatzes.
Bei der Feststellung einer **Tatsache** musst du die Konjunktion *что* (dass) verwenden.
Он узнáл, что онá рабóтает в гимнáзии.   *Er erfuhr, dass sie in einem Gymnasium arbeitet.*

Wenn du mit dem Prädikat des Hauptsatzes einen **Wunsch**, **eine Bitte**, **etwas Erwünschtes**, **einen Vorschlag** u. ä. ausdrücken willst, musst du einen Objektsatz mit *чтобы* (dass) + Vergangenheitsform des Verbs bilden.
Я хочý, чтóбы мой друг мне помóг.   *Ich möchte, dass mein Freund mir hilft. (Wunsch)*
Вика сказáла, чтóбы Артём купúл билéты   *Vika hat gesagt, dass Artem die Theaterkarten*
в теáтр.   *kaufen soll. (Forderung)*
Пётр предложúл, чтóбы мы вéчером   *Pjotr schlug vor, dass wir am Abend zu ihm kommen*
к немý зашлú.   *sollen. (Bitte, Vorschlag)*

Der Attributsatz

Der Attributsatz charakterisiert ein Substantiv (oder eine substantivierte Wortart) im Hauptsatz näher. Am häufigsten wird er durch **Relativpronomen** wie *котóрый*, *какóй*, *чей* (→ 27, 28) eingeleitet, das in Genus und Numerus mit dem Bezugswort übereinstimmt. In welchem Kasus es steht, richtet sich jedoch danach, welche Funktion (Subjekt, Objekt usw.) das Relativpronomen einnimmt.
Письмó, котóрое я получúл вчерá,   *Der Brief, den ich gestern bekommen habe,*
óчень вáжное.   *ist sehr wichtig.*
Причúна, по котóрой он э́то сдéлал, яснá.   *Der Grund, aus dem er das getan hat, ist klar.*

Achte auf die vom Deutschen abweichende Stellung des Genitivattributs.
Владúмир, родúтели котóрого приéхали   *Wladimir, dessen Eltern aus Russland nach*
в Гермáнию из Россúи, родúлся ужé   *Deutschland gekommen waren, wurde bereits*
здесь.   *hier geboren.*

Syntax

57 Direkte und indirekte Rede

Диалог 2| 5A
Диалог 4| 1A

Die indirekte Rede kannst du im Russischen folgendermaßen wiedergeben:

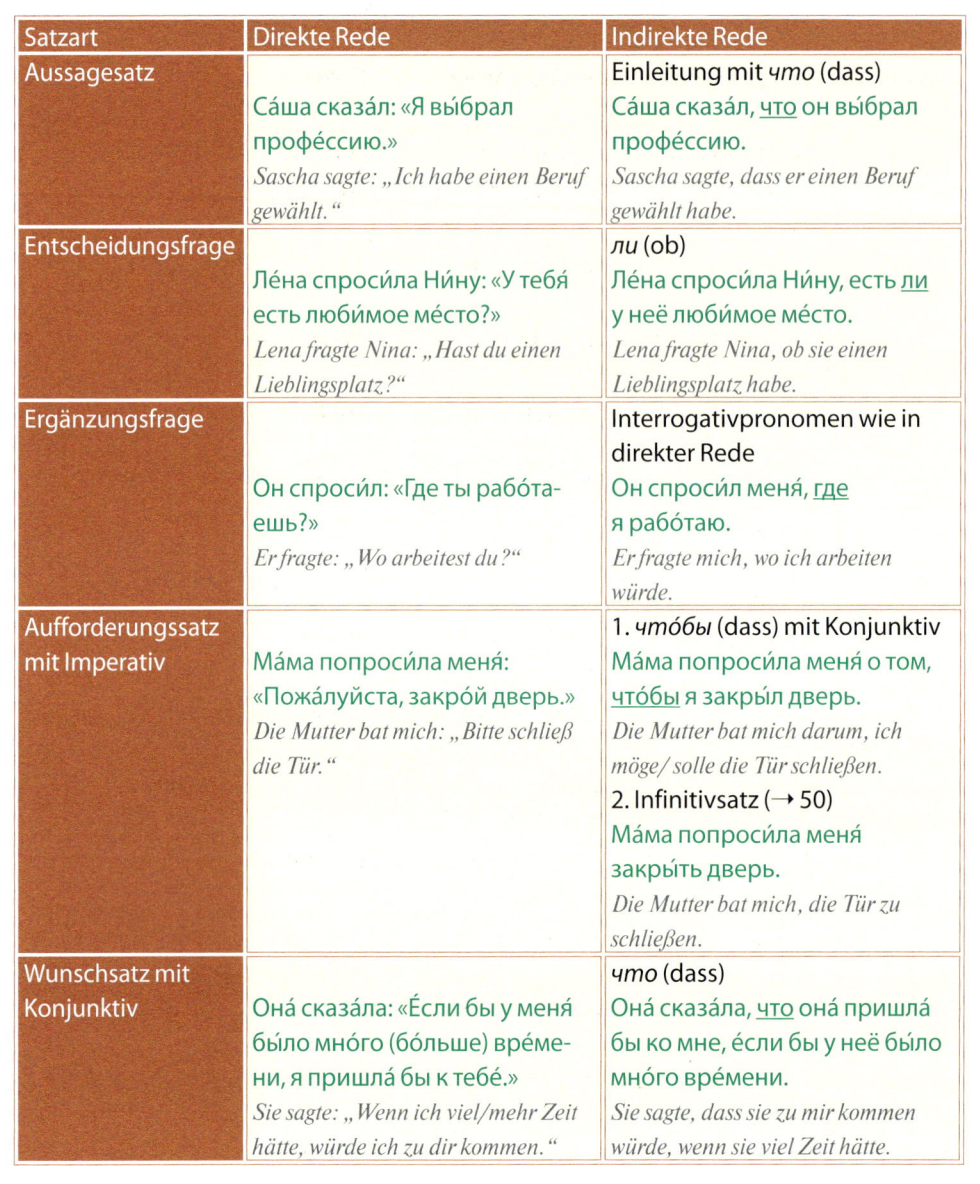

Satzart	Direkte Rede	Indirekte Rede
Aussagesatz		Einleitung mit что (dass)
	Сáша сказáл: «Я вы́брал профéссию.»	Сáша сказáл, что он вы́брал профéссию.
	Sascha sagte: „Ich habe einen Beruf gewählt."	Sascha sagte, dass er einen Beruf gewählt habe.
Entscheidungsfrage		ли (ob)
	Лéна спроси́ла Ни́ну: «У тебя́ есть люби́мое мéсто?»	Лéна спроси́ла Ни́ну, есть ли у неё люби́мое мéсто.
	Lena fragte Nina: „Hast du einen Lieblingsplatz?"	Lena fragte Nina, ob sie einen Lieblingsplatz habe.
Ergänzungsfrage		Interrogativpronomen wie in direkter Rede
	Он спроси́л: «Где ты рабóтаешь?»	Он спроси́л меня́, где я рабóтаю.
	Er fragte: „Wo arbeitest du?"	Er fragte mich, wo ich arbeiten würde.
Aufforderungssatz mit Imperativ		1. чтóбы (dass) mit Konjunktiv
	Мáма попроси́ла меня́: «Пожáлуйста, закрóй дверь.»	Мáма попроси́ла меня́ о том, чтóбы я закры́л дверь.
	Die Mutter bat mich: „Bitte schließ die Tür."	Die Mutter bat mich darum, ich möge/ solle die Tür schließen.
		2. Infinitivsatz (→ 50)
		Мáма попроси́ла меня́ закры́ть дверь.
		Die Mutter bat mich, die Tür zu schließen.
Wunschsatz mit Konjunktiv		что (dass)
	Онá сказáла: «Éсли бы у меня́ бы́ло мнóго (бóльше) врéмени, я пришлá бы к тебé.»	Онá сказáла, что онá пришлá бы ко мне, éсли бы у неё бы́ло мнóго врéмени.
	Sie sagte: „Wenn ich viel/mehr Zeit hätte, würde ich zu dir kommen."	Sie sagte, dass sie zu mir kommen würde, wenn sie viel Zeit hätte.

TIPP! Die Konjunktion ли steht sowohl in der direkten, als auch in der indirekten Rede immer an zweiter Stelle.

Für die indirekte Redeeinleitung sind folgende Verben typisch:

сказáть/говори́ть
sagen

предложи́ть/предлагáть
vorschlagen

попроси́ть/проси́ть
bitten

спроси́ть/спрáшивать
fragen

реши́ть/решáть
beschließen

напóмнить/напоминáть
jmdn. an etw. erinnern

отвéтить/отвечáть
antworten

Unregelmäßige Verben

Infinitiv des Verbs mit Konjugation	Präteritum m., w., Pl.	Imperativ	deutsche Bedeutung
бежа́ть (uv.) – бегу́, бежи́шь, бегу́т	бежа́л, -ла; -ли	беги́	*rennen, laufen (zielger.)*
бить (uv.) – бью, бьёшь, бьют	бил, -ла; -ли	бей	*schlagen*
боя́ться (uv.) – бою́сь, бои́шься, боя́тся	боя́лся, -лась; -лись	(не) бо́йся	*sich fürchten*
брать (uv.) – беру́, берёшь, беру́т	брал, -ла́; -ли	бери́	*nehmen, ausleihen*
быть (uv.) – 3. *Pers. Sg.* есть, *Fut.* бу́ду, бу́дешь, бу́дут	был, -ла́; -ли	будь	*sein*
везти́ (uv.) – везу́, везёшь, везёт, везу́т	вёз, везла́; -ли́	вези́	*jmdn., etw. fahren, befördern (zielger.)*
вести́ (uv.) – веду́, ведёшь, веду́т	вёл, вела́; -ли́	веди́	*jmdn. führen, etw. lenken*
вы́брать (v.) – вы́беру, вы́берешь, вы́берут	вы́брал, -ла; -ли	вы́бери	*auswählen*
вы́йти (v.) – вы́йду, вы́йдешь, вы́йдут	вы́шел, вы́шла; вы́шли	вы́йди	*hinausgehen, aussteigen*
вы́нести (v.) – вы́несу, вы́несешь, вы́несут	вы́нес, вы́несла; вы́несли	вы́неси	*hinaustragen*
вы́расти (v.) – вы́расту, вы́растешь, вы́растут	вы́рос, вы́росла; вы́росли		*wachsen, aufwachsen*
взять (v.) – возьму́, возьмёшь, возьму́т	взял, -ла́; -ли	возьми́	*nehmen, ausleihen*
ви́деть (uv.) – ви́жу, ви́дишь, ви́дят	ви́дел, -ла; -ли	! смотри́	*sehen, erblicken*
встава́ть (uv.) – встаю́, встаёшь, встаю́т	встава́л, -ла; -ли	встава́й	*aufstehen*
встать (v.) – вста́ну, вста́нешь, вста́нут	встал, -ла; -ли	встань	*aufstehen*
дава́ть (uv.) – даю́, даёшь, даю́т	дава́л, -ла; -ли	дава́й	*geben*
дать (v.) – дам, дашь, даст, дади́м, дади́те, даду́т	дал, дала́; да́ли	дай	*geben*
дое́хать (v.) → е́хать		доезжа́й	*hinfahren*
дойти́ (v.) → идти́		дойди́	*hinlaufen, erreichen*
есть (uv.) – ем, ешь, ест, еди́м, еди́те, едя́т	ел, е́ла; е́ли	ешь	*essen*
е́хать (uv.) – е́ду, е́дешь, е́дут	е́хал, е́хала; е́хали	! поезжа́й	*fahren (zielger.)*

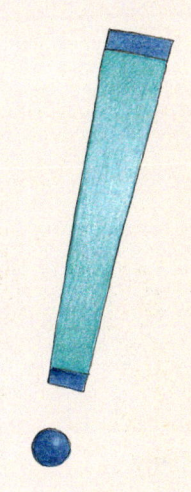

Anhang

Infinitiv des Verbs mit Konjugation	Präteritum m., w., Pl.	Imperativ	deutsche Bedeutung
ждать (uv.) – жду, ждёшь, ждут *кого? чего?*	ждал, -ла; -ли	жди	*warten auf*
жить (uv.) – живу, живёшь, живут	жил, жила; жили	живи	*leben, wohnen*
закрыть (v.) – закрою, закроешь, закроют	закрыл, -ла; -ли	закрой	*schließen*
занять (v.) – займу, займёшь, займут	занял, -ла; -ли	займи	*belegen (Platz)*
заняться (v.) – займусь, займёшься, займутся	занялся, -лась; -лись	займись	*sich beschäftigen*
звать (uv.) – зову, зовёшь, зовут	звал, -ла; -ли	зови	*rufen, nennen*
идти (uv.) – иду, идёшь, идут	шёл, шла; шли	иди	*gehen (zielger.)*
искать (uv.) – ищу, ищешь, ищут	искал, -ла; -ли	ищи	*suchen*
класть (uv.) – кладу, кладёшь, кладут	клал, -ла; -ли	клади	*legen, stecken*
лететь (uv.) – лечу, летишь, летят	летел, -ла; -ли	лети	*fliegen (zielger.)*
мочь (uv.) – могу, можешь, могут	мог, могла; могли		*können*
назвать (v.) – назову, назовёшь, назовут	назвал, -ла; -ли	назови	*nennen*
найти (v.) → идти		найди	*finden*
написать (v.) → писать			*aufschreiben*
начать (v.) – начну, начнёшь, начнут	начал, начала; начали	начни	*etw. anfangen, beginnen*
нести (uv.) – несу, несёшь, несут	нёс, несла; несли	неси	*tragen (zielger.)*
описать (v.) → писать			*umschreiben, beschreiben*
оставаться (uv.) – остаюсь, остаёшься, остаются	оставался, -лась; -лись	оставайся	*bleiben*
остаться (v.) – останусь, останешься, останутся	остался, -лась; -лись	останься	*bleiben*
открыть (v.) – открою, откроешь, откроют	открыл, -ла; -ли	открой	*öffnen*
перевести (v.) – переведу, переведёшь, переведут	перевёл, -вела; -вели	переведи	*übersetzen, überführen*
передать (v.) → дать			*übergeben; senden*